Königs Erläuterungen und Materialien
Band 32/32a

Erläuterungen zu William Shakespeare Der Kaufmann von Venedig

Neu bearbeitet von Dr. Edgar Neis
4. Auflage

C. Bange Verlag – Hollfeld/Ofr.

Herausgegeben von Dr. Peter Beyersdorf, Gerd Eversberg
und Reiner Poppe

ISBN 3-8044-0269-0

Druck: Lorenz Ellwanger, Bayreuth, Maximilianstraße 58/60

INHALTSÜBERSICHT

DATEN AUS SHAKESPEARES LEBEN

Es ist eine traditionelle Klage, daß wir wenig über Shakespeare wissen. In Wirklichkeit hat jahrzehntelange, unermüdliche und intensive historische und philologische Forschung mehr über ihn zusammengetragen als über die meisten seiner dichtenden Zeitgenossen. Es ist allerdings nicht möglich, sein Leben und sein Schaffen so zu verbinden, daß sich das zweite aus dem ersten mit Sicherheit erklären ließe. Für modernere Anschauungen schien oft ein Gegensatz zwischen dem Leben des strebsamen und tüchtigen Schauspielers und Theaterunternehmers, des Kleinstadtbürgers und schließlich Landedelmannes und seinem letzte Höhen des menschlichen Geistes erreichenden Werke zu bestehen. Das führte dazu, daß trotz überreicher Nachweise seiner Autorschaft Theorien entwickelt wurden, die ihn nur als Decknamen für einen vornehmeren und gelehrteren Zeitgenossen auffaßten und diesem die Werke zuschreiben wollten. Am meisten Verbreitung fand die Behauptung, der Philosoph Francis Bacon habe die Werke verfaßt. Sie ist wie alle ähnlichen Theorien so gewaltsam konstruiert, daß ihre Widerlegung heute nur noch Satire werden kann.

William Shakespeare ist 1564 in dem Städtchen Stratford-upon-Avon geboren. Am 26. April wurde er getauft. Da man Kinder üblicherweise am dritten Lebenstage taufte, wurde der 23. April als sein Geburtstag erschlossen. Sein Vater, John Shakespeare, gehörte der Gilde der Weißgerber und Handschuhmacher an, züchtete Schafe und handelte auch mit Wolle und Häuten. Die Mutter des Dichters, Mary Arden, stammte aus dem nahen Snitterfield. Ihre Familie gehörte der Gentry, dem Landadel an. John Shakespeare brachte es zu Wohlstand und bürgerlichem Ansehen. Er erwarb mehrere Häuser und Grundbesitz und wurde in städtische Ehrenämter gewählt. 1565 war er Ratsherr, 1568 High Bailiff (Bürgermeister) und schließlich auch Friedensrichter. William war das dritte Kind seiner Eltern. Über seine Erziehung und Schulbildung wissen wir nichts Sicheres. Es besteht aber die höchste Wahrscheinlichkeit, daß er die damals recht gute Lateinschule seiner Heimatstadt besucht hat. Sehr wahrscheinlich ist auch, daß Theatererlebnisse der Jugend auf seinen späteren Entschluß, Schauspieler zu werden, Einfluß gewannen. Zwischen 1568 und 1587 wurde Stratford 24mal von reisenden Schauspieltruppen aufgesucht. Auch das nahe Coventry als Mittelpunkt der Mysterienspiele mag ihm vertraut geworden sein.

Um 1580 haben sich die Vermögensverhältnisse der Eltern erheblich verschlechtert, die Geldnot steigt bis etwa 1587, dann tritt eine langsame Besserung ein. Die letzte Ursache dieser Schwierigkeiten wird in einer damals die ganze Welt erfassenden Krise, die auf dem Verfall des Silberwertes und der Währungen beruhte, zu suchen sein. Mißernten und Stadtbrände kamen erschwerend hinzu. Es gibt keinen schlüssigen Beweis dafür, daß besondere persönliche Gründe wie ein Bekenntnis John Shakespeares zum katholischen Glauben ihn in finanzielle Bedrängnis geführt hätten.

Welchen Beruf der Dichter nach der Schulzeit erlernte und ausübte, bleibt völlig dunkel. Vermutungen reichen vom Schlächter über den Lehrer zum Gehilfen bei einem Rechtsanwalt, gelegentlich wurde auch ohne ausreichende Beweise angenommen, er sei Seemann gewesen. Das einzige sichere Datum aus jener Zeit ist das seiner Heirat. Im Dezember 1582 vermählte er sich im Alter von achtzehn Jahren mit der um acht Jahre älteren Anna Hathaway, der Tochter eines begüterten Landwirtes aus Weston on Avon nahe Stratford. Im folgenden Jahr wurde das erste Kind, eine Tochter Susanne geboren; 1585 kamen die Zwillinge Hamnet und Judith zur Welt.

Um diese Zeit muß Shakespeare Stratford verlassen haben, um in London Schauspieler zu werden. Nachweisbar in der Hauptstadt ist er allerdings erst um 1590, damals ist er bereits zu beträchtlichem Ansehen gekommen. Über seinen Fortgang aus Stratford gibt es nette Legenden, etwa die, er habe die Heimat verlassen müssen, weil er im Park des Gutsherrn Sir Thomas Lucy gewildert habe, doch sind sie alle nicht mehr als hübsche Erfindungen. Jedenfalls machte Thomas Nashe 1589 eine abfällige Bemerkung über ihn, die erkennen läßt, daß er als Schauspieler bekannt war. 1592/93 wird er von dem Schriftsteller Robert Greene noch derber angegriffen. 1593/94, als die Pest in London wütete und alle Theater geschlossen waren, veröffentlichte er die beiden Versepen „Venus und Adonis" und „Lucrecia", die einem hohen Gönner, dem Grafen von Southampton, gewidmet sind.

Wahrscheinlich hat Shakespeare in London Anschluß an seinen Landsmann, den Theaterunternehmer James Burbage, gesucht, der das „Theatre" erbaut hatte und im Londoner Theaterleben eine beherrschende Stellung einnahm. Sein Sohn und Erbe,

Richard Burbage, war Shakespeares Freund. Als Teilhaber seiner Theatertruppe muß Shakespeare gut verdient haben. Das erworbene Geld legte er in der Heimatstadt Stratford an, wo er 1597 New Place, ein stattliches Anwesen mit umfangreichem Grundbesitz kaufte und die Vermögensverhältnisse seines Vaters ordnete. Dieser betreibt bereits seit Jahren die Verleihung eines Wappens, also die Aufnahme der Familie in die Gentry, den Landadel. 1599 wird die Verleihung ausgesprochen. Im gleichen Jahr, in dem Shakespeare so „Gentleman" wurde, baute Richard Burbage das Globe-Theater, an dem der Dichter ebenfalls Teilhaber war, und für das er seine Stücke schrieb. Shakespeare kauft weiteren Grundbesitz in Stratford, wohin er öfters reist, 1610 war er der größte und wohlhabendste Grundbesitzer des Städtchens.
Kurz darauf muß er London verlassen haben, um wieder dauernd in Stratford zu leben. Nur gelegentlich hält er sich seitdem in der Hauptstadt auf. Im frühen Alter von nur 52 Jahren ist er, der offenbar schon längere Zeit kränklich war, am 23. April 1616 in Stratford gestorben, nachdem er einen Monat vorher sein endgültiges Testament gemacht hatte. In der Pfarrkirche wurde er beigesetzt. Die Texte Shakespeares blieben damals bei dem Theater, für das sie geschrieben waren. Da jeder Urheberschutz fehlte, war man an einer Geheimhaltung guter Stücke sehr interessiert. Nur abgespielte Stücke wurden veröffentlicht. So sind von Shakespeares Dramen nur 19 zu seinen Lebzeiten in mehr oder weniger guten Drucken (Quartos) erschienen. Erst nach seinem Tode, im Jahre 1623, veranstalteten seine einstigen Schauspielerkollegen John Hemminge und Henry Condell, die Shakespeare in seinem Testament ausdrücklich bedacht hatte, die erste Gesamtausgabe (Folio), der Ben Jonson einen Nachruf voranstellte, in dem trotz einiger, vielleicht aus großer Nähe gegebener Einschränkungen doch zum ersten Male Shakespeares dichterische Größe klar erkannt und ausgesprochen wird.

ENTSTEHUNG UND AUFNAHME DES „KAUFMANNS VON VENEDIG“

Wann die Komödie „Der Kaufmann von Venedig“ entstanden ist, steht nicht fest. Im Jahre 1600 erscheinen in London zwei im Text nur wenig von einander abweichende Quartausgaben des Werkes bei James Roberts und bei Thomas Heyes. Roberts hat aber schon 1598 seine Ausgabe in das Buchhandelsregister eintragen lassen. Also muß das Werk vor 1598 entstanden sein. Es gilt aber auch allen Shakespeare-Forschern als unwahrscheinlich, manchen sogar als unmöglich, daß die von dem Theaterunternehmer Philip Henslowe 1594 in seinem Tagebuch genannte „Venesyon Comodey“, „Venetian Comedy” mit Shakespeares Werk identisch ist. Aus äußeren Gründen, gewissen Anspielungen, die auf Zeitereignisse des Jahres 1595 weisen sollen, schloß man auf dieses Jahr, aber innere Gründe, Stil- und Sprachvergleiche machten die Jahre zwischen 1595 und 1598 als Entstehungszeit wahrscheinlich. Die meisten Forscher nehmen das Jahr 1596 als das an, in dem Shakespeare den „Kaufmann von Venedig” schrieb. Für die These, daß er die Komödie zwischen 1598 und 1600 noch einmal überarbeitete, fehlen schlüssige Beweise.

Der englische Shakespeare-Biograph Sidney Lee (1858—1926) hat als erster auf zwei historische Gestalten hingewiesen, die mit der Gestalt des Shylock in Verbindung gebracht werden können und auch nach Lee noch gebracht wurden. Der eine ist Rodrigo Lopez, ein ehemaliger Jude aus Portugal, der aus diesem Lande ausgewiesen wurde, sich taufen ließ und in England, das seit 1290 Juden völlig verboten war, eine neue Heimat fand. Er brachte es bis zum Leibarzt der Königin Elisabeth und erreichte großen Einfluß bei Hofe, wo man sich seiner als Dolmetsch bei dem portugiesischen Prätendenten auf den spanischen Königsthron, Antonio Perez, bediente, um Philipp II. zu treffen. Aus unbekannten Gründen fiel er dann aber in Ungnade und wurde zweifellos zu Unrecht des geheimen Einverständnisses mit dem spanischen König beschuldigt. Auf Drängen des wahrscheinlich auf seinen Einfluß eifersüchtigen Grafen Essex machte man ihm den Prozeß wegen Hochverrats, 1594 wurde er hingerichtet. Die Anklage behauptete, er habe sich vom König von Spanien kaufen lassen, die Königin zu vergiften. Im Anschluß an diesen zweifellosen Justizmord erschienen zahlreiche Pamphlete, in denen Lopez als der Jude schlechthin gekennzeichnet und eine wüste Judenhetze entfesselt wurde, die schon deshalb sinnlos war, weil die Verfasser außer dem Christ gewordenen Lopez überhaupt keinen Juden kannten.

Gregor hebt, L. Kellner folgend, noch eine zweite höchst abenteuerliche Gestalt hervor, die um die Mitte des 16. Jahrhunderts von sich reden machte. Joao Miquez war jüdischer Abkunft und aus Spanien ausgewiesen. Er lebte in den Niederlanden, wo er es zu einem Millionenvermögen brachte. Aus Furcht vor Karl V. floh er nach Venedig. Als er die Nachricht erhielt, daß man ihm, der längst Christ geworden war, wegen angeblichen Sympathisierens mit Juden, in Wahrheit um an sein Vermögen zu kommen, den Prozeß machen wollte, floh er weiter zu dem Sultan Suleiman dem Großen, der ihn wohlwollend aufnahm, obwohl er jetzt wieder zum Judentum überging. Er wurde Ratgeber des Sultans, den er zum Kriege gegen Venedig überredete und für den er einen erfolgreichen Kaperkrieg gegen Spanien und Frankreich organisierte. Er wurde Herzog von Naxos und sollte König von Zypern werden, wenn die Türken es den Venetianern abnehmen könnten. Aber er starb vor dem Fall Zyperns. Im christlichen Abendland wurde er als ausgemachter Bösewicht, ja, als ein Teufel dargestellt, den man für alles Unglück verantwortlich machte.

Nach Gregors Auffassung kann man auf sein Vorbild den Barrabas in Christopher Marlowes (1564—93) „Der Jude von Malta" (1590) zurückführen. Für Shakespeare bleibt am Schicksal der Lopez und Miquez nichts, was ihn zur Gestalt des Shylock hätte anregen müssen. Es bleibt bestenfalls das allgemeine Interesse des Publikums am Juden, das in England nur ein recht theoretisches sein konnte, weil es keine Juden im Lande gab. Jedenfalls gewinnen wir, wenn wir aus den Schicksalen der Lopez und Miquez einzelne Züge herausgreifen, schwerlich einen Einblick „in den Arbeitsprozeß Shakespeares", wie Gregor meint (S. 262). Es ist eine moderne Interpretation, wenn Shylock und sein Handeln als der wahre Mittelpunkt des Stückes angesehen werden. „Der Kaufmann von Venedig" ist eine Komödie. Daran ändern auch die Szenen, die für uns, nicht für Shakespeares Publikum das Tragische streifen oder erreichen, nichts. Mit dem Ende des Prozesses ist das Stück nicht zu Ende, Shylock ist vom Gesamtplan her nur eine Nebenfigur, die Gerichtsszene nur ein Teil der fallenden Handlung, das Spiel endet erst mit dem Wiedererkennen der Ehepaare und ihrem erneuten Zueinanderfinden. Immerhin war die Gestalt Shylocks doch so stark, daß sie im 17. Jahrhundert aus dem Stück herausgenommen, mit anderen dramatischen

Motiven verbunden und zur „Aufklärung“ über die Juden gebraucht wurde. Wie beliebt das Stück war, zeigt die Nachricht, daß König Jakob I. es sich in der Fastenzeit 1605 in einer Woche zweimal vorspielen ließ. Es teilte dann das Schicksal aller Stücke Shakespeares, wurde bearbeitet und umgedeutet, ohne daß bis heute eine allgemeine verbindliche und endgültige Deutung gelungen wäre. In Deutschland lief die Entwicklung der in England parallel, zeitweilig kamen auch wesentlich neue Anregungen aus Deutschland. Schon die englischen Komödianten brachten den Stoff mit nach Deutschland, wo er von deutschen Schauspieltruppen aufgegriffen wurde.

Die alten Texte sind nicht erhalten, aber es ist sicher, daß der „Jud von Venedig" den „Kaufmann" verdrängte. Um 1660 schrieb Christoph Blümel, der sich „studiosus Silesiae", Student aus Schlesien, nannte, eine Bearbeitung, die das Stück aus der Sphäre der Unterhaltung in die der Politik überführte, ihm eine klare judenfeindliche Tendenz gab. Unter Einfluß des französischen Klassizismus war die Handlung konzentriert, alle Nebenhandlungen waren aufgegeben. Ein etwa gleichzeitig in Österreich gespieltes Stück: „Das wohlgesprochene Urteil eines weiblichen Studenten oder Der Jud von Venedig“ stimmt in großen Teilen mit Blümels Fassung überein. Magister Johannes Velten hatte ebenfalls ein Stück „Der reiche Jud von Venedig“ im Repertoire. Wie weit es mit Shakespeares Stück identisch ist, läßt sich nicht mehr feststellen. Charakteristisch ist aber überall, daß die Shylock-Handlung als der wahre Kern des Stückes aufgefaßt wird.

Auch Friedrich Ludwig Schröder, der den „Kaufmann von Venedig“ 1777 erstmals in Deutschland unter Shakespeares Namen brachte, bleibt an die Auffassung, daß Shylock die Hauptperson sei, gebunden. Er bringt die Übersetzung Wielands in der Bearbeitung Eschenburgs und bearbeitet selbst gemeinsam mit Friedrich Wilhelm Gotter den Text weiter. Die Handlung ist auf drei Tage zusammengedrängt. Aus technischen Gründen, um häufigen Szenenwechsel zu vermeiden, ist die Szenenfolge umgestellt. Die Jessica-Episode fällt ganz weg, der fünfte Akt ist gestrichen, so daß die Erkennungsszene gleich an die Gerichtsszene gehängt wird. Entsprechend der von Lessings „Nathan" ausgehenden philosemitischen Meinung beseitigt Schröder alle Härten im Charakter Shylocks, damit aber auch ein wesentliches Element der Begründung des Geschehens.

Auch der sonst der Dichtung gegenüber so verständnisvolle Karl Immermann stand dem „Kaufmann von Venedig" verhältnismäßig hilflos und deshalb rein philologisch gegenüber. Bei seiner Inszenierung in Düsseldorf war Shylock „ein dummer, kümmerlicher Betteljude", wie ein Zeitgenosse schrieb, „ohne einen Funken alttestamentlicher Erhabenheit, die hier so notwendig ist." Der zweite Teil dieser Kritik eröffnet freilich auch die Möglichkeit, daß sie ein unfreiwilliges Lob ist, daß Immermann konsequent eine heitere Konzeption durchhielt. Jedenfalls stellte er den fünften Akt wieder her. Das tat auch Laube im Wiener Burgtheater, der ihn allerdings stark kürzte und an den vierten anhängte. Am 17. Juni 1853 spielte das Weimarer Hoftheater das Stück in Ludwig Devrients bereits in Dresden erprobter Bearbeitung als heiteres Spiel der glanzvollen und kraftbewußten italienischen Renaissance, wobei der fünfte Akt „mit so viel heiterer Anmut und Poesie" gespielt wurde wie nie zuvor. Devrient spielte den Shylock als rachsüchtigen und im eigenen Netz gefangenen Bösewicht, nicht, wie damals üblich wurde, als „rächenden Heros des Judentums".

Mehrere Auffassungen stehen sich so im ganzen 19. Jahrhundert gegenüber. Nach der einen ist das Stück komisch, auch Shylocks Niederlage ist schon durch das Element der Überraschung, der verblüffenden Umkehr des Motives von Recht und Unrecht komisch. Die romantische Zeit entdeckte dazu die Poesie und den märchenhaften Charakter der Werbung um Porzia und vor allem den lyrischen Zauber des fünften Aktes, aber auch die typische Lustspielidee der Verkleidung, die aus Porzia den Doktor und aus Nerissa das Schreiberlein machte. Dann aber wird die Tragik in Shylock entdeckt, er wird zum Märtyrer, zum Repräsentanten eines leidenden und ungerecht verfolgten Volkes. Wilhelm Iffland forderte von ihm die „stolze Haltung polnischer und ungarischer Juden", aber nur, um die Komik des Schacherjuden, den Kontrast zwischen Schein und Sein, zu verstarken. Von englischen Schauspielern wie Charles Macklin (um 1800—1897) und Sir Henry Irving (1838—1905) ging dann die Konzeption Shylocks als tragische Gestalt, als Dulder und Symbol des Judentums aus. Es bleibt aber dann die Diskrepanz zwischen dem potentiellen Rächer für die dem Judentum zugefügten Kränkungen, der „Erhabenheit des Hasses", wie sie der Schauspieler Josef Lewinsky (1835—1907) verlangte, und dem von dem jungen Doktor nicht nur um seinen Schein, sondern um sein Vermögen geprellten Juden, ein Problem,

das Heinrich Marr 1817 in Wien dadurch zu lösen suchte, daß er Shylock als den „ränkevollen, durch größere Ränke besiegten, komisch vernichteten Juden" spielte.
Als erster hatte Immermann die ganze Porzia-Handlung gleich sorgfältig behandelt wie die um Shylock. Die Meininger spielten das Stück ohne Strich mit großem historischem Aufwand, viel buntem Maskentreiben um Jessicas Entführung und einer lebhaft bewegten Gerichtsszene, wobei die Shylock-Handlung nur Episode wurde. Sogar der Geruch wurde einbezogen. Wenn bei der Kästchenwahl falsch geraten war, füllte beißender Pulverdampf, bei der richtigen Wahl aber Weihrauchduft das Haus. Der Nachteil war nur, daß der Geruch bei den folgenden Szenen nicht zu vertreiben war. Man mußte darauf verzichten. Gegen die „Meiningerei" und gegen eine einseitige Fortentwicklung der Komödie zu einer Shylock-Tragödie trat um 1890 die Münchener Bühne auf, die nur das Spiel heiter gestimmter Phantasie erstrebte, ein Spiel der Illusion ohne großen Aufwand. Als vorbildlich galt dann für Jahrzehnte die Berliner Inszenierung von Max Reinhardt, die erstmals am 9. November 1905 geboten und bis 1921 mehrere Male wieder aufgenommen wurde. Die Effekte der Drehbühne waren dabei geschickt ausgenutzt. Ein berühmter Shylock wurde Albert Bassermann, „eine phantastische, bewußt ins Groteske hinübergespielte, riesenhaft hagere Gestalt, die an den Wolf im Märchen denken ließ ... und auch im Abgehen noch immer gefährlich drohend blieb." (Stahl, S. 534). 1923 wurde das Stück auch erstmals für den Film bearbeitet und zwar von Peter Paul Felner. Den Shylock spielte Werner Krauß, die Porzia Henny Porten.
Es bleibt noch ein Wort zu sagen über die Möglichkeit, den „Kaufmann von Venedig" heute zu spielen. Nach 1933 war das Stück aus rassischen Gründen untragbar und verschwand von den deutschen Bühnen. Die ungeheure Tragik, das Grauen der Judenverfolgung verboten nach dem Kriege zunächst von selbst die Aufführung, das Auftreten des komisch geprellten Juden auf der Bühne. Aber die dramatische und künstlerische Substanz des Stückes lockte dann doch wieder zur Aufführung. Gegen die Aufführung wurde, wie erst 1962 in Heidelberg geltend gemacht, daß die Zeit für eine absolut unpolitische Betrachtung der Gestalt Shylocks noch nicht gekommen sei, daß uns das Grauen vor Verbrechen gegen alle Menschlichkeit noch zu nahe sei, daß vor allem aber auch die Möglichkeit, daß die Bühne, wie lange geschehen, als Mittel politischer Propaganda mißbraucht werde, noch

nicht endgültig gebannt sei. In dem Augenblick aber, in dem Shylock nicht als Ausgeburt dichterischer Phantasie, die einen Bösewicht brauchte und ihn, der Vorliebe des Publikums für böse Juden folgend, zum Juden machte, gestaltet und gesehen wird, in dem darüber hinaus Shylock als typischer Repräsentant des Judentums verstanden werden kann, ist jede Aufführung politisch bedenklich, wenn nicht gefährlich. Shakespeare war weder antisemitisch, noch philosemitisch eingestellt, er kannte und nahm den Juden so, wie er ihn in seiner Quelle fand. Daß er sich um eine psychologische Vertiefung, eine Begründung seines Hasses, eine gewisse menschliche Rechtfertigung seines Vorgehens bemüht, hat sicher mehr künstlerische Gründe als menschliche. Ganz sicher verwirft Shakespeare die letzte Konsequenz, die Gier, sein Opfer blutig zu vernichten. Sie erscheint ihm als teuflische Bosheit und ist es auch, sie bliebe es genauso, wenn Shylock ein Mohr oder ein Angehöriger eines christlichen europäischen Volkes wäre. Im Jago, im Edmund aus „König Lear" und im Oliver des Lustspieles „Wie es euch gefällt" hat Shakespeare solche vollendeten Bösewichter gestaltet.

Aber der Abstand zu den Ereignissen, die eine Aufführung des „Kaufmann von Venedig" zunächst bedenklich machten, wächst, die Gründe, die zu den grauenvollen Ereignissen führten, sind längst unverständlich geworden und werden von allen, die nur eines Funkens Einsicht fähig sind, verworfen und verabscheut. Die 1955 von Hans Schalla im Bochumer Schauspielhaus mit Hanns Ernst Jäger als Shylock herausgebrachte Inszenierung hat vielleicht einen Weg gezeigt, auf dem die Komödie der deutschen Bühne zurückgewonnen werden kann. Man muß dort anfangen, wo Bassermann aufhörte. Aber es wird noch einige Zeit dauern, bis die poetische Wirklichkeit des Kunstwerkes Shakespeares die Erinnerung an die schreckliche Wirklichkeit jüngerer Vergangenheit ganz vergessen machen kann.

QUELLEN DES WERKES

Den Stoff seines Werkes entnahm Shakespeare zwei Erzählungen, die keinen Zusammenhang haben und von ihm kunstvoll verflochten wurden. Die Geschichte von der Verpfändung eines Pfundes Fleisch erscheint bereits in den „Gesta Romanorum“ (Erzählungen der Römer), einer Ende des 12. oder Anfang des 13. Jahrhunderts entstandenen Sammlung von Erzählungen in lateinischer Sprache, die locker um die Gestalten römischer Kaiser gerankt sind und daher den Titel haben. 1577 veröffentlichte Richard Robynson eine englische Übersetzung der „Gesta“. Die gleiche Geschichte vom verpfändeten Pfund Fleisch stand auch in einer Fassung, die weitgehend Shakespeares Stück entspricht, in der Novellensammlung „Il Pecorone“, das heißt: der Schafskopf des Giovanni Fiorentino, die um 1378 geschrieben, aber erst 1553 gedruckt wurde. Eine englische Übersetzung der Sammlung gab es zu Shakespeares Zeit noch nicht, jedenfalls ist bis heute keine entdeckt worden. Shakespeare weicht auch in wichtigen Punkten von Fiorentino ab. In der Novelle hat Ansaldo, der Kaufmann, den leichtsinnigen, aber sonst ehrenwerten Sohn eines verstorbenen Freundes, Gianetto, an Kindesstatt angenommen. Er unterstützt seine Werbung um ein sehr schönes und reiches Fräulein in Belmont. Diese Dame stellt dem Freier die Bedingung derber italienischer Novellistik, mit ihr das Lager zu teilen und sie zu gewinnen, macht es ihm aber durch einen heimlich verabreichten Schlaftrunk unmöglich. Schon in der Kirke-Odysseus-Episode der Homerschen Odyssee findet sich dieses Motiv mit der derberen Abwandlung, daß die Versager in Schweine verwandelt werden. Die Schöne von Belmont aber zieht von dem erfolglosen Freier allen Besitz, den er mit sich führt und noch einiges mehr ein, in diesem Falle Ansaldos reichbefrachtetes Schiff. Zweimal hat Gianetto vergeblich geworben, jetzt aber ist er unterrichtet und gewarnt, er braucht nur den Schlaftrunk zu vermeiden, um beste Aussichten auf Erfolg zu haben, umso mehr als die so sehr um ihre Keuschheit besorgte Dame, nachdem sie zweimal eine Nacht lang Gelegenheit hatte, seine männliche Schönheit zu bewundern, in seinem speziellen Falle den Turandot-Komplex abgelegt hat. Durch das unter gleichen Bedingungen wie im Stück von einem Juden aufgenommene Darlehen ermöglicht ihm Ansaldo, zum dritten Male zu werben, und dieses Mal kommt Gianetto zum eigenen und zu der Schönen Glück zum Ziel. Im Rausch dieses Glückes aber vergißt er den Verfallstag. Dennoch reist er, sobald ihn die Erinnerung faßt, von seiner Gattin reichlich mit Geld versehen, nach Venedig. Seine kluge Gattin folgt ihm heimlich nach, und die Gerichtsverhandlung verläuft dann genau so wie in Shakespeares Stück.

Der wesentliche Unterschied zwischen den „Gesta" und Fiorentino ist, daß aus Ritter und Kaufmann gleicher Nationalität und Religion der königliche Kaufmann und der Jude werden, die Verhältnisse sind den italienischen sozialen Zuständen des späten Mittelalters angepaßt. Die bei Fiorentino dargestellte Art der Brautwerbung war natürlich auf die Bühne nicht zu übertragen. Shakespeare ersetzt sie durch die Geschichte von der Kästchenwahl, die ebenfalls in den „Gesta Romanorum" steht, die Shakespeare aber ganz seinen Zwecken entsprechend umgestaltete. In der entsprechenden Geschichte der „Gesta" ist die Wahl zwischen drei Kästchen eine Art Gottesurteil. Der römische Kaiser Anselmus hat seinen Sohn mit der Tochter des Königs von Apulien verlobt. Auf der Fahrt nach Rom erleidet die Prinzessin Schiffbruch und wird durch ein Wunder gerettet und nach Rom gebracht, wo sie aber niemand kennt und Zweifel an ihrer Rechtmäßigkeit bestehen. Um sie zu prüfen läßt sie der Kaiser die Kästchenwahl treffen, die sie dann auch richtig besteht. Shakespeare hat dieses Motiv grundlegend umgewandelt, die Kästchenwahl ist eine Art Charakterprüfung für die Freier Porzias, sie soll erweisen, ob sie der Versuchung des äußeren Scheines zu widerstehen vermögen.

Als weitere mögliche Quelle wurde eine englische Ballade vom Juden Gernutus gefunden, die einige charakteristische Züge aufweist, die sich bei Shakespeare, aber nicht in den anderen Quellen finden. Danach will der Jude das Ausschneiden des Fleisches als Scherz angesehen wissen, er bestellt rechtzeitig einen Gerichtsdiener zur Bewachung des Schuldners und wetzt während der Gerichtsverhandlung das Messer. Immer aber bleibt unsicher, ob Shakespeare den Stoff aus den Quellen selbst oder aus sekundärer Quelle kannte. Ob Beziehungen zwischen Shakespeares Stück und einem 1579 erwähnten Drama „The Jew" bestehen, wird sich wohl nie aufklären lassen, da dieses Stück verloren gegangen ist und weder über den Autor noch über den Inhalt etwas überliefert wurde. Die Motive waren auch bereits in dem 1580 veröffentlichten Roman „Zelauto oder die Quelle des Ruhmes" von Anthony Munday zusammengefaßt worden, vielleicht hat Shakespeare nur dieses Werk benutzt, wie manche Forscher annehmen. Auch zu John Lylys 1579 erschienenen Roman „Eupheus“ ergeben sich Verbindungen, vor allem folgt Shakespeare Lylys Anschauungen über das Verhältnis von Freundschaft und Liebe, die aber diesesmal einander nicht entgegengesetzt, sondern gleichwertig sind und wohl nebeneinander bestehen können. Das in keiner der Quellen vorkommende Motiv der Entführung Jessicas hat Shakespeare vielleicht frei erfunden. Ähnliche Entführungen gab es allerdings schon in der Literatur, ohne daß sich ein bestimmtes Vorbild für diese Komödie finden ließe.

Bewunderungswürdig bleibt immer, wie Shakespeare die verschiedenen und verschiedenartigen Motive seinen Zwecken entsprechend wandelt und seinem Werk einfügt. Auch wenn wir berücksichtigen, daß die Parallelführung der beiden Hauptmotive durch die Shakespeare-Bühne bedingt war, empfinden wir doch keinen Bruch im Geschehen, als folgerichtige Einheit wickelt sich das Spiel ab. In diese künstlerische Einheit fügt sich auch der fünfte Akt mit seiner verspielten Spannungssteigerung, wenn wir den Irrtum vermeiden, die Handlung um Shylock als den Kern des Stückes zu sehen. Nicht die Geschichte vom verpfändeten Pfund Fleisch mit den juristischen Komplikationen, sondern das Spiel um Liebe und Freundschaft, das sich in völlige Harmonie auflöst, ist die zentrale Handlung dieser Komödie.

SACHLICHE UND SPRACHLICHE ERLÄUTERUNGEN

(Die Angaben von Seitenzahlen folgen der Ausgabe des Reclam-Verlages, Universalbücherei Nr. 35, Stuttgart 1957)

Erster Akt

1. Auftritt

S. 3) **„Ich bin es satt"**: engl.: it wearies me = es beunruhigt mich; Antonio wird von der Ahnung drohenden Unheils gequält.

„... solchen Dummkopf": engl.: want-wit = jemand, dem Verständnis mangelt, ein ratloser Mensch.

Galeone: eigentlich spanisches oder portugiesisches bewaffnetes Handelsschiff des 16. bis 18. Jahrhunderts mit 3 bis 5 Masten. Shakespeare hat „argosies", eine Bezeichnung für größere Handelsschiffe des Mittelmeerraumes. Neuere Übersetzer vermeiden die ungenaue Übersetzung und haben einfach: Euere Schiffe.

„... über kleines Handelsvolk": Salarino vergleicht die stolzen Schiffe Antonios mit den vornehmen Nobili, die über die kleinen Handelsleute — im Bilde deren Barken, engl.: traffickers = Handelsboote auf der Themse, die von den Wellen stärker geschaukelt werden, so daß es aussieht, als ob sie sich verneigen — hinwegsehen.

„... so viel auf dem Spiel": Shakespeare hat hier ein Lieblingswort seiner Zeit: had I such venture forth. Das Wort ist aus adventure, Abenteuer gebildet, dazu gehören auch die merchant-adventurers. Shakespeare setzt die frühen venezianischen Seefahrer den venturers seiner Zeit, die alles wagen und auf's Spiel setzen, gleich. Auch sechs Zeilen weiter, wo Schlegel übersetzt: „für meine Ladungen" steht bei Shakespeare: to my ventures = meine gewagten Unternehmungen.

„... meinen reichen Hans": Der Name eines Schiffes. Bei Shakespeare heißt es „Andrew".

S. 4) **„all mein Gewürz ..."**: Gewürz und Seidenstoffe waren die Haupthandelsgüter der Venezianer.

„Doch sagt mir nichts": macht keine Einwände.

„... ich dank es meinem Glück": Dieser Satz bezieht sich nicht auf die folgenden Sätze, er gehört zur vorhergehenden Wendung: Glaubt mir, so ist es nicht, und dafür dank' ich dem Geschick. Statt des Kommas müßte ein Punkt stehen.

„Pfui, pfui!": Shakespeares „Fie, fie!" ist zu stark übersetzt. Antonio weist die Vermutung zurück, drückt aber keinen Abscheu aus. Zeyneck hat hier: „Nein, nein!"

„beim zweiköpfigen Janus”: Altrömischer Gott, Schützer des Hauses. Er wurde mit einem Doppelantlitz abgebildet, nach innen und nach außen schauend.

„Wie'n Starmatz über einen Dudelsack“: bei Shakespeare: like parrots at a bagpiper = wie Papageien über einen Dudelsackpfeifer.

Nestor: Bei Homer der König von Pylos. Er war der älteste König im Griechenlager vor Troja und galt als besonders weise und erfahren. Hier wird er sprichwörtlich als Beispiel eines gesetzten und ernsten Mannes aufgefaßt.

„Liebe Herren“: Shakespeare hat neben „my good lords” auch „my good signiors“, also den englischen und italienischen Titel nebeneinander.

S. 5) **„Wir hoffen Euch bei Muße aufzuwarten”:** engl.: we'll make our leisures to attend on yours = wir werden unsere Muße dazu nutzen, um Euch aufzuwarten.

„Rechnet darauf”: ungenau übersetzt: ich werde Euch nicht verfehlen.

„Der kommt darum . . .“: nämlich um die Welt.

„. . . laßt die Runzeln kommen”: das Alter.

„. . . von Wein die Leber glühen“: alte medizinische Auffassung, wonach die Leber vom Weine erhitzt wird, ebenso wie das Herz von anhaltendem Seufzen ausgetrocknet wird.

„. . . wie sein Großpapa“: engl.: his grandsire = sein Ahnherr.

„ . . deren Angesicht sich überzieht“: nämlich mit Wasserlinsen, so daß man nicht mehr hineinsehen kann.

„. . . rühr sich keine Maus”: d. h. alles sei mäuschenstill, damit jeder meine Worte hören kann. Bei Shakespeare: when I ope my lips let no dog bark = laßt keinen Hund bellen, wenn ich den Mund öffne.

„Weil er den Bruder schelten würde“: Der Herausgeber des Standard-Verlages hat richtig: weil sie die Brüder Narren schelten würden; die Aussage bezieht sich auf die Ohren. Wahrscheinlich ist auf Matthäus 5,22 angespielt: „Wer aber zu seinem Bruder sagt: Du Narr! der ist des höllischen Feuers schuldig.”

S. 6) **„Ich schließe meine Predigt nach der Mahlzeit“:** vielleicht Spott auf puritanische Prediger, die mit ihrem Text vormittags nicht fertig wurden.

„. . . Glückstand hab' erschöpft“: das Vermögen.

„. . . leistet mir Gewähr”: berechtigt mich.

„Und steht es . . . im Angesicht der Ehre”: engl.: within the eye of honour = im Blickfeld der Ehre; die Sache ist, wie alles bei Bassanio, ehrenhaft.

S. 7) **„. . . dieses Kinderbeispiel“:** diese Erfahrung aus der Kinderzeit.

„. . . die lautre Unschuld”: d. h. ehrenhaft.

„. . . noch einen Pfeil desselben Wegs”: d. h.: leiht mir noch einmal.

„. . . bring' ich den letzten Satz zurück“: bringe ich den zweiten Einsatz zurück.

„Da Ihr Umschweife macht mit meiner Liebe”: Ihr windet Euch um meine Liebe, statt sie direkt anzurufen.

Belmont: Landsitz zwischen Venedig und Padua.

„. . . und schöner als dies Wort”: engl.: and fairer than that word = und was noch schöner ist.

„Empfing ich holde stumme Botschaft einst“: ihre Blicke ließen mich erkennen, daß sie mir zugeneigt war.

Catos Tochter: Die Tochter des durch seine republikanische Gesinnung und Sittenstrenge berühmten Marcus Porcius Cato Uticensis, Porcia, die in zweiter Ehe mit dem Brutus verheiratet war, der bei Cäsars Ermordung eine entscheidende Rolle spielte. In Shakespeares „Julius Cäsar” tötet sie sich — abweichend von der Geschichte — selbst, indem sie glühende Holzkohlen schluckt.

„. . . gold'nes Vlies . . . Jason“: Das goldene Vlies war unter Verletzung des heiligen Gastrechtes von den Kolchern errungen und als Heiligtum aufbewahrt worden. Die Argonauten zogen aus, es nach Griechenland heimzuholen, was ihrem Anführer Jason mit Hilfe der Tochter des Kolcherkönigs, Medea, gelang.

2. Auftritt

S. 8) **„. . . kein mittelmäßig Los, im Mittelstand zu sein“:** engl.: It is no mean happiness to be seated in the mean = es ist kein mittelmäßiges (durchschnittliches) Glück, wenn man die Mitte einhält. In der folgenden Zeile heißt es statt „Auskommen lebt länger” besser: mit gerade ausreichenden Mitteln lebt man länger.

„Solch ein Hase . . .”: Die Krüppel, die Bedächtigen, haben Regeln aufgestellt, Netze gespannt, der Hase, die tollkühne Jugend, aber springt über diese Hindernisse, die guten Ratschläge, hinweg.

„Aber dies Vernünfteln“: Alle diese Erwägungen.

S. 9) **„. . . von meiner Beschreibung”:** solche ironischen Charakteristiken, nämlich Vergleiche der verschiedenen Völker, müssen eine Art Gesellschaftsspiel der Shakespeare-Zeit gewesen sein.

„Er ficht mit seinem eigenen Schatten“: Spott auf die Duellwut der Franzosen. Mit den vorhergehenden Luftsprüngen wird ihre Tanzleidenschaft ironisiert.

S. 10) **„... denn er möchte mich lieben“:** wenn er mich liebte.

„... ich sage nichts zu ihm”: Die Stelle ist doppeldeutig: sie sagt nichts über ihn und auch nichts zu ihm, weil sie ihn nicht versteht.

„... mit einer stummen Figur“: engl.: a dumb-show = einer tänzerischen Pantomime.

„... der Franzose wird sein Bürge“: Spott auf die Franzosen, die den Schotten wiederholt Hilfe gegen die Engländer versprochen hatten, aber nie Wort hielten. Daher wohl auch die Beleidigung des Schotten durch den Engländer, der die Ohrfeige einstecken muß.

„... als einen Schwamm heiraten”: alte Bezeichnung für einen Trunkenbold. Die Deutschen standen im Ruf, dem Trunk allzu ergeben und besonders trinkfest zu sein.

„... in Ansehung“: durch, mittels; engl.: dependent on = abhängig von.

S. 11) **„... wie Sibylla ...“:** weissagende Frauen des Altertums. Die bekannteste ist die eumäische Sibylle, die dem König Tarquinius Superbus die sibyllinischen Bücher zum Kauf anbot. Sie soll sehr bejahrt gewesen sein. Deswegen wünschte man einander die Jahre der Sibylle.

„Marquis von Montferrat”: 1574 bis 1707 war Montferrat ein selbstständiges Herzogtum. Jetzt in der Provinz Turin.

„Die vier Fremden ...”: vorher war von sechs die Rede. Entweder liegt ein Versehen vor, oder die Unstimmigkeit beruht auf einer nachträglichen Bearbeitung.

„... und das Geblüt des Teufels“: engl.: the complexion of a devil = das Äußere, die Hautfarbe eines Teufels, also schwarz.

„... er weihte mich, als er freite mich”: engl.: he should shrive me than wive me = er würde mir die Beichte hören als mich heiraten.

„Derweil wir ...“: Shakespeare hat hier ein Knittelverspaar, das Schlegel nicht berücksichtigt hat.

3. Auftritt

S. 12) **Dukaten:** ursprünglich in Venedig geprägte Goldmünze, auch Zechine genannt. Sie wurde von anderen Ländern übernommen.

Der reine Goldwert eines Dukaten würde nach heutigen Goldpreisen zwischen 18.— bis 24.— DM schwanken, da die Münzen nicht überall gleiches Gewicht hatten.
„. . . ein guter Mann“: Shylock meint es im kaufmännischen Sinne. Bassanio versteht seinen Jargon nicht und faßt die Bemerkung moralisch, so daß ihm Shylock die richtige Meinung erklären muß.
„daß er vermögend ist . . .” Shakespeares „sufficient” ist mit „vermögend“ nur ungenau übersetzt. Gemeint ist: solvent, hinreichend vermögend.
„Rialto“: die Jsola di Rialto, der Kern Venedigs; dort lag die Börse.
„. . . von der Behausung zu essen . . .“: Nach Matthäus 8,21—32 hat Jesus die Teufel in Schweine beschworen.
S. 13) **„Wie sieht er einem falschen Zöllner gleich“:** bei Shakespeare: a fawning publican = einem kriecherischen Zöllner. Der pharisäische Shylock verachtet und haßt ihn, wie nach Matthäus 9,20 für die Juden Sünder und Zöllner synonyme Begriffe sind.
„. . . den Preis der Zinsen”: die Höhe der Zinsen, im alten Venedig durchweg 15 %. Antonio aber leiht Geld ohne Zinsen aus.
„. . . die Hüfte rühren”: engl.: catch him once upon the hip = ihn einmal bei der Hüfte fassen. Aus der Jägersprache: der Jagdhund packt das Wild bei der Hüfte. Dazu auch „Othello“ II,1, wo Jago sagt:

„Hält nur mein Köter von Venedig stand,
Den ich mir köd're zu der schnellen Jagd:
Pack ich den Michael Cassio bei der Hüfte.”

„auf Vorteil weder leiht . . .”: auf Zinsen.
S. 14) **„Als Jakob Labans Schafe hütete“:** nach 1. Buch Mosis, 30,42.
„Weil seine Mutter weislich . . .“: Durch Rebekkas List wurde Jakob statt seines Bruders Esau vom Vater als Erstgeborener gesegnet (1. Mosis, 27,6).
„. . .fiel alles buntgesprengt”: buntgesprenkelt.
„Der Teufel kann sich auf die Schrift berufen”: so in Matthäus 4,6, wo er bei der Versuchung Christi in der Wüste den 91. Psalm anführt.
„. . . meinen jüd'schen Rockelor“: den Kaftan.
S. 15) **„. . . den Auswurf auf den Bart”:** Für einen Kavalier der Shakespeare-Zeit ist dieses Verhalten gegenüber dem Juden wahrscheinlich nicht anstößig gewesen. Aber der im Grunde unmoti-

vierte, auf Vorurteil beruhende Haß Antonios, der nationale, kaufmännische, ethische, religiöse und auch rassische Hintergründe haben mag, ist gerade bei ihm, der sonst duldsam und selbst für Fehler anderer verständnisvoll auftritt, schwer verständlich. Im dramaturgischen Gesamtplan allerdings ist er geeignet, den Haß Shylocks zu steigern.

„. . . für unfruchtbar Metall": Schon Aristoteles nennt das Gold so, weil es an sich keine Werte schafft. Antonio aber legt Shylock selbst den Gedanken nahe, sich unter dem Schein der Uneigennützigkeit an ihm zu rächen.

„. . . mir Eure Schuldverschreibung": Shylock verlangt nur Antonios Unterschrift und keinen weiteren Bürgen, damit er sich allein an ihn halten kann, wenn der Vertrag nicht erfüllt wird.

S. 16) **„. . .wackrer Jude":** Antonio glaubt an die Aufrichtigkeit Shylocks und lobt ihn deshalb. Bassanio beharrt bei seinem Mißtrauen.

„. . . von einem lock'ren Buben": Lanzelot Gobbo.

Zweiter Akt

1. Auftritt

S. 17) **„. . . den schönsten Mann":** genauer: den weißesten Mann.

„. . . ritzen wir uns Euch zulieb' die Haut": Anspielung auf die orientalische, aber auch in anderen Regionen nachgewiesene Sitte, sich zum Zeichen der Stärke der Liebe selbst Schnittwunden beizubringen.

„Wes Blut am rötsten ist": Rotes Blut ist Merkmal der Kraft und des Mutes.

„Auch schließt das Los . . .": die Lotterie.

S. 18) **„ . . . den Sophi":** Sophi, der Schah von Persien und Begründer der 1500—35 in Persien herrschenden Saffi- oder Sofi-Dynastie.

Sultan Soliman: Soliman II., der Prächtige, der erfolgreich gegen Venedig, Genua und Persien kämpfte, 1528 bei Mohacs siegte, 1535 aber einen unglücklichen Krieg gegen Persien führte. Er fiel 1566 bei Szigeth (Körners: „Zriny"). Der Kampf der Marokkaner gegen Soliman ist reine Erfindung.

„Wenn Herkules und Lichas Würfel spielen": Lichas war der nichtsahnende Unglücksbote, der Herkules auf Befehl seiner eifer-

süchtigen Gattin Deianira, die an einen Liebeszauber glaubte, das mit dem Blut des Zentauren vergiftete Gewand brachte. In seinem fürchterlichen Schmerz zerschmetterte Herkules den Boten an einem Felsen im Meer.
„Alcide": ein anderer Name des Herkules nach seinem Großvater Alkeus, dem Vater des Perseus.

2. Auftritt

„. . . mein Gewissen läßt mir's zu": Es verführt Lanzelot zu einem komischen Gewissenskampf zwischen der Treue zu seinem jüdischen Herrn und dem Wunsch, seinem Dienst zu entlaufen. Die Wendung paßt aber nicht zum Folgenden, vielleicht ist ein „nicht" ausgefallen.
„Der böse Feind": Der Versucher, der Teufel.
S. 19) **„ . . . ein hartherziges Gewissen":** Es rät ihm, das zu tun, was nicht zu seinem Vorteil ist.
S. 20) **„. . . der drei Schwestern":** der Parzen.
S. 21) **„Gebt mir Euren Segen":** Bei Schlegel fehlt die Bühnenanweisung: „Er kniet nieder mit dem Rücken nach Gobbo zu". Gobbo hält nun seine Nackenhaare für seinen Bart, während Lanzelot in Wirklichkeit bartlos ist.
„Da ich mich darauf gesetzt habe": da ich mir fest vorgenommen habe.
„Ihr könnt jeden Finger . . .": spaßhafte Verdrehung. Es muß natürlich heißen: Ihr könnt jede meiner Rippen mit dem Finger zählen.
S. 22) „. . . **der . . . neue Livreien gibt":** Bassanio wirbt Diener für die Reise nach Belmont, die er prächtig ausstattet.
„. . . spähziehviehzieren": engl.: specify = im einzelnen auseinandersetzen. Schlegel verlangt also eine gezierte und volksetymologische Aussprache für das an sich hier ausnahmsweise richtig gebrachte Fremdwort.
„ . . . eine große Theeklination": Lanzelot und sein Vater haben eine große Vorliebe für gelehrt klingende Fremdwörter, die sie aber nicht verstehen und deshalb verzerren. Hier Theeklination, engl.: infection = Ansteckung statt affection = Zuneigung.
„mothiviehzieren": Auch hier verlangt Schlegel die gezierte und an andere Begriffe, hier Vieh, erinnernde Aussprache. Shakespeare hat hier aber „frutify" = befruchten. Die komisch gemeinten Aussprachevorschriften Schlegels, die nicht überall Parallelen zu

Shakespeare haben, lassen sich nur schwer oder überhaupt nicht auf der Bühne verwirklichen. Neuere Herausgeber gehen deshalb meistens auf die einfachen Formen zurück, die auch dann noch komisch und manchmal wohl auch zweideutig genug sind, wenn das Fremdwort falsch angewandt wird.

„unterzehtiert": andere Übersetzer haben: interzediert.

S. 23) **„obhohnieren"**: opponieren, wie die meisten Ausgaben schreiben, statt proponieren, vorschlagen. Bei Shakespeare steht: That is the very defect of the matter = das gerade ist der Fehler bei der Sache; defect statt effect = die Auswirkung.

„Ihr habt die Gnade Gottes": nach 2. Korinther 9,9: Gottes Gnade ist Reichtum.

"... wenn einer ... eine schöne Tafel hat": In der Chiromantie, der Handlesekunst, versteht man unter Tafel die innere Handfläche, aus deren Linien das Schicksal abgelesen wird. Lanzelots Handlinien verheißen unter Verdrehung chiromantischer Begriffe nur Glück.

„. . . auf die Schrift zu schwören": beim Eide legte man die Hand auf die Bibel.

„. . . eine schlechte Lebenslinie": eine schlichte, ganz unkomplizierte.

„ . . . an der Ecke eines Federbettes totzustoßen": grotesker Ausdruck für die Gefahr des Heiratens.

„ . . . in einem Umseh'n": in aller Eile.

S. 24) **„Den flücht'gen Geist"**: den unruhigen Geist. Simrock übersetzte: Sprudelgeist, Zeyneck: losen Geist, Schwarz: den Übermut, Schaller: den Strudelkopf.

„den Hut mir halt . . .": Zu den Tischsitten der Shakespeare-Zeit gehört es, den Hut beim Essen aufzubehalten. Nur während des Tischgebetes wurde er abgenommen. Graziano will mit ihm die Augen bedecken, um den Schein besonders inniger Frömmigkeit zu erwecken.

3. Auftritt

S. 25) **„Dies Haus ist Hölle . . ."**: Jessicas Vater hat ihr sogar verboten, mit Lanzelot zu sprechen. Sie vermag die Abgeschlossenheit, aber auch den Haß, den ihr Vater gegen die christliche Umwelt hegt, nicht zu ertragen. Der „lustige Teufel" erinnert daran, daß bei den alten geistlichen Spielen die Teufel und der Clown oft vom gleichen Schauspieler geboten wurden.

„exblühzieren": explizieren, erklären. Shakespeare hat: tears exhibit my tongue, was wörtlich übersetzt bedeutet: Tränen werden meine Zunge zur Schau stellen.

„. . . nicht zum Schelm an dir wird": nämlich sie dem Vater entführt.

„Bin ich's nicht seines Herzens": engl.: to his manners = wegen seiner Lebensgewohnheiten. Geiz und Habsucht haben die Entfremdung zwischen Vater und Tochter herbeigeführt.

„Hilf mir dies lösen": Eigentlich müssen die beiden Wendungen dieser Zeile umgekehrt stehen: if thou keep promise, I shall end this strife = wenn du Wort hältst, werde ich diesen Zwiespalt lösen.

4. Auftritt

„Verkleiden uns . . .": Die Freunde haben eine Maskerade zu Bassanios Abschied vorbereitet, die gleichzeitig, ohne daß Bassanio davon weiß, zu Jessicas Entführung ausgenutzt werden soll. Dazu werden Fackelträger gesucht.

„Wenn es nicht zierlich anzuordnen steht": Diese Übersetzung trifft ebenso wenig den Sinn der Stelle wie Zeynecks: „Wenn es nicht gut geregelt ist." ,tis vile, unless it may be quaintly ordered = es ist häßlich, wenn es nicht geschmackvoll eingerichtet wird.

S. 26) **„. . . von einem falschen Juden stammte":** engl.: of a faithless Jew = von einem glaubenslosen, einem ungläubigen Juden.

5. Auftritt

S. 27) **„Des alten Shylock Abstand von Bassanio":** weil Bassanio nur ein armer Edelmann ist. Shylocks Einwurf, daß sich Lanzelot bei Bassanio nicht so vollstopfen werde wie bei ihm, geht aber völlig ins Leere. Lanzelot hat ihn II,2 längst widerlegt: „Ich bin ausgehungert in seinem Dienst".

„. . . auf den Verschwender von Christen zehren . . .": – engl.: to feed upon this prodigal Christian = auf Kosten dieses verschwenderischen Christen verschwenderisch leben.

„. . . träumt ich von Säcken Gelds": Von Geld zu träumen bedeutet nach altem Volksaberglauben drohenden Verlust.

„Eure Heimsuchung": andere Herausgeber setzen: Zukunft, bei Shakespeare: your reproach statt approach = Annäherung. Shylock deutet die Wendung seiner Hoffnung entsprechend auf kommendes Unglück für Antonio.

„. . .auf den letzten Ostermontag": Die Zeitangaben Lanzelots sind in ihrer Verwirrung natürlich Unsinn. Shakespeare hat „Black Monday", was Unglückstag, im Schulleben auch den ersten Schultag nach den Ferien bedeutet. Die sprichwörtliche Verwendung des Black Monday soll auf den Ostermontag, den 24. April 1360 zurückgehen, an dem König Eduard III. bei der Belagerung von Paris infolge unerwartet einsetzenden scharfen Frostes so viele Leute verlor, daß er die Belagerung nicht fortsetzen konnte.

„. . . die quergehalste Flöte": Die Querflöte.

S. 28) **„ . . . bei Jakobs Stabe":** Der Stab, mit dem der Erzvater Jakob über den Jordan ging (Genesis, 32,10).

„Narr von Hagars Stamm": Hagar war die Magd der Sarah, die Abraham zur Ehe nahm und später mit ihrem gewalttätigen Sohn Ismael vertrieb. Hagar war Ägypterin, also ungläubig. Hagars und Abrahams Nachkommen sind die Ungläubigen. Deshalb werden alle Nichtjuden verächtlich als Hagars Stamm bezeichnet.

„Der Laff' . . . ": genauer: Der Tropf.

„. . . 'ne Schnecke zum Gewinn": engl.: snail-slow in profit = langsam wie eine Schnecke beim Geschäft.

„ . . . eh'r das Murmeltier": Shakespeare hat hier statt des in Englang wohl wenig bekannten Murmeltieres: the wild cat = die Wildkatze.

„fest gebunden, fest gefunden": englisches Sprichwort: Fast bind, fast find — willst du dich schnell binden, so wirst du auch schnell finden. Es muß also statt „fest" unbedingt „schnell" heißen.

6. Auftritt

(Die Reclam-Ausgabe hat diesen Auftritt, bei dem kein Szenenwechsel erfolgt, mit dem fünften zusammengezogen, so daß nun Shakespeares 7. Auftritt zum 6. wird usw.)

„Venus' Tauben": Der Wagen der Liebesgöttin wurde von Tauben oder Schwänen gezogen. Der Sinn von Salarinos Worten ist: die Liebesgöttin stiftet schneller einen neuen Liebesbund, als sie zur Erhaltung des alten bereit ist.

S. 29) **„. . . für den verlor'nen Sohn":** nach Lukas, 15,11ff.

„Ribben abgewittert": Das Wort ist dem englischen „rib" eigenwillig nachgebildet = Rippen, Spanten. Bei Schaller: die Rippen ganz vermorscht.

„. . . beschämt von meinem Tausch": weil sie Knabenkleider trägt.

„. . . **Licht noch halten meiner Schmach"**: engl.: to my shames; die Übersetzung „Schmach" ist zu stark. Der Sinn ist: soll ich noch das Licht halten, damit jeder sieht, wie ich mich schäme.
S. 30) **„Doch komm sogleich"**: sonst vergeht die Nacht, und es wird zu hell.
„. . . **mir in beständigem Gemüt bewahrt"**: engl.: shall she be placed in my constant heart = soll sie beständig in meinem Herzen wohnen.
„. . . **als unter Segel . . ."**: Nichts kann Lorenzo lieber sein, als bereits unter Segel, also auf dem Meere und möglichst weit von Venedig entfernt zu sein.

7. Auftritt

(In der Reclam-Ausgabe 6. Auftritt)

S. 31) „. . . **entdeckt die Kästchen"**: deckt sie auf, enthüllt sie.
„Wer mich erwählt": Die drei Inschriften sind Alexandriner, ein in Shakespeares Zeit für Sentenzen, Aussprüche u. ä. beliebtes Versmaß.
„. . . **mit der Mädchenfarbe"**: Die Mondgöttin war unvermählt. So wird das Licht des in allen Sprachen außer Deutsch weiblichen Mondes zur Farbe der keuschen Mädchen.
„. . . **mit steter Hand"**: mit gerechter Hand.
S. 32) **„Hyrkaniens Wüste"**: Landschaft an der südöstlichen Küste des Kaspischen Meeres, deren Bewohner im Altertum als besonders wild galten.
„. . . **von zehnmal minderm Wert"**: um 1600 betrug das Verhältnis des Silberwertes zu dem des Goldes tatsächlich 1 : 10.
„'ne Münze, die das Bild von einem Engel . . .": nach allgemeiner Deutung eine Goldmünze, die das Bild des Erzengels St. Michael auf einer Seite trug. Das Bild wurde auch auf St. Georg, den Drachentöter, den Patron des Hauses Stuart, gedeutet.

8. Auftritt

(In der Reclam-Ausgabe der 7. Auftritt)

S. 33) „. . . **schrie den Dogen auf"**: engl.: with outcries raised the duke = weckte den Herzog (Dogen) mit Geschrei auf.
„. . . **so verwirrte Leidenschaft"**: engl.: a passion so confus'd =

so verwirrte Klage; solchen Ausbruch wirrer Klagen (Schaller); einen Wutausbruch so wirr (Zeyneck).
S. 34) **„. . . nicht den Tag versäumt”:** den Tag, an dem seine Schuld fällig wird.
„. . . in der engen See”: im Ärmelkanal.
„Schlag dein Geschäft nicht aus der Hand“: engl.: slubber not business for my sake, dem deutschen Sprichwort entsprechend: brich dein Geschäft nicht (meinetwegen) über‘s Knie.

9. Auftritt

(In der Reclam-Ausgabe der 8. Auftritt)

S. 35) **„. . . seinen Eid getan”:** nie wieder an Heiraten zu denken, wenn er falsch gewählt hat.
„Drei Dinge gibt der Eid . . .”: Der Prinz von Arragon führt hier, kurz vor Bassanios Auftritt, die drei Bedingungen aus, die der Eid ihm auferlegt.
S. 36) **„Wie mancher deckte dann sein bloßes Haupt“:** nämlich mit der ihm gebührenden Krone.
„Gelesen aus der Spreu, dem Raub der Zeit”: engl.: picked from the chaff and ruin of the time = ausgelesen aus dem Schutt- und Trümmerhaufen der Zeit; bei Schaller: Wieviel Adel, gesammelt aus der Zeiten Schutt und Abfall.
„Wer mich erwählt, bekommt (erhält) soviel, als er verdient”: Schlegel übersieht, daß es bei Shakespeare heißt: who chooseth me shall **have** as much as he deserves = wer mich wählt, hat, was er verdient.
„Fehlen und Richten . . .“: Porzia sagt: to offend, and judge, are distinct offices, and of opposed natures = Fehlgehen und Richten sind verschied’nes Tun von zweierlei Naturen. Der Prinz hat falsch gewählt und zweifelt die Entscheidung an, weil er sein Verdienst überschätzt. Porzia weist ihn zurecht: wer sich irrte, kann nicht in eigener Sache Richter sein.
S. 37) **„Immer krön‘ ich Euren Leib”:** nämlich der Narrenkopf.
„. . . trage selbst die Schmach“: eigentlich: my wroth = meinen Ärger, meine ärgerliche Enttäuschung.
„So ging dem Licht die Motte nach”: genauer: so hat das Kerzenlicht die Motte versengt.
„Daß Frei‘n und Hängen . . .“: Freien und Gehängtwerden, alles wird vom Schicksal vorherbestimmt.

„. . . **was will mein Herr?"** my lord; Porzia greift scherzhaft das my lady auf.
„. . . **stattliche Begrüßung":** reiche Geschenke.
„Nie kam noch ein April . . .": Der April galt bei Shakespeare ebenso wie der Mai als Frühlingsmonat.
„. . . **solchen Festtagswitz":** so viel zu hohen Anlässen passender Geist: bei Schaller: Festtagslob.
„Herr der Herzen": engl.: Lord Love = Gott der Liebe, Amor.

Dritter Akt

1. Auftritt

S. 38) **„Noch wird es nicht widersprochen":** genauer: es heißt dort (auf dem Rialto) noch immer unwidersprochen . . .
„Die Goodwins": oder Goddwins Sands, Sandbank vor der Ostküste Kents, unweit der Themse-Mündung.
„. . . **eine Frau von Wort":** die Wort hält.
„. . . **als jemals eine Ingwer kaute":** Ingwer zu kauen muß in Shakespeares Zeit vor allem bei älteren Frauen beliebt gewesen sein.
S. 39) „. . . **die Flügel zum Wegfliegen":** Die Pagenkleider.
„Daß mein eigen Fleisch und Blut . . .": Shylock meint seine Tochter, Solanio aber deutet seine Worte spöttisch auf angebliche sinnliche Erregung.
„. . . **ein Verschwender":** weil Antonio dem Bassanio eine hohe Summe ohne Sicherheit geliehen hat.
„. . . **mir gehindert eine halbe Million":** mich gehindert hat, eine halbe Million zu verdienen. Wie Antonio es bewerkstelligt hat, wird nicht ausgeführt. Es bleibt aber, daß Antonio Shylock zu schaden sucht, wo er kann.
S. 40) „. . . **der dritte Mann ist nicht aufzutreiben":** Der Sinn ist: kein dritter Mann von gleicher Verworfenheit ist aufzutreiben.
„zu Frankfurt": Frankfurt am Main, das wegen seiner Messen berühmt war.
S. 41) „. . . **ich vergeuße":** altertümlich für: ich vergieße.
„. . . **er müsse . . . fallieren":** Bankerott erklären.
„mein Türkis . . .": Im Mittelalter schrieb man dem Türkis, einem blaugrünen Edelstein, geheime Kräfte zu. Er warnte durch Be-

wegungen vor naher Gefahr, wurde dunkel, wenn sein Träger erkrankte, er verhinderte außerdem Zwist zwischen Eheleuten. Deshalb schenkte ihn Lea ihrem Bräutigam.
„... einen Amtsdiener": seine Aufgabe war, den Schuldner zu bewachen, damit er nicht entfliehen konnte, und ihn sogleich zu verhaften, wenn die unbeglichene Schuld fällig wurde.

2. Auftritt

S. 42) **„... doch ist es nicht Liebe"**: Schlegel setzt diese Wendung anders als Shakespeare in Klammern. Porzia möchte ihre Liebe zu Bassanio verbergen, aber ihre mädchenhafte Scheu verrät sie umso eher.
„Und doch, ein Mädchen spricht ...“: ein Mädchen darf in Gedanken Wünsche haben, aber es darf sie nicht aussprechen.
„Behielt ich gern Euch ein paar Tage hier“: Porzia geht weiter: I would detain you here some month or two = „Ich hielt Euch gern noch ein, zwei Monde hier" (Schaller).
„... und noch geteilt": mich mit mir selbst entzweit.
„Die Eignern ihre Rechte vorenthält": Porzia fühlt sich als Bassanio eigen, weil sie ihn liebt, aber die bösen Zeitumstände richten zwischen denen, die einander gehören, Schranken auf.
„So sei das Glück dafür verdammt": genauer: So sei der Zufall, dem das Glück ausgesetzt ist, verdammt, so soll die Glücksgöttin dafür in die Hölle gehen, nicht ich.
„Was für Verrat in Eurer Liebe steckt“: Verbrecher wurden auf der Folter zum Geständnis gebracht. Bassanio soll also, wenn er sich gefoltert fühlt, seine Liebe gestehen.
S. 43) **„... weil er wählt“**: während er wählt (while), dieweil er wählt.
„... und er schwanengleich": Nach alter Sage stimmen Schwäne, heilige Vögel, vor ihrem Tode einen schönen, klagenden Gesang an. Die Einführung der Musik an dieser Stelle steigert die Stimmung, sie erspart Bassanio aber auch eine dritte Beschreibung der Kästchen, die seine Vorgänger schon gegeben haben.
„Wie Paukenschlag ...“: eigentlich: Fanfarenklang, unter dem das Volk dem neugekrönten König huldigt.
Alcides: Herkules; weil der trojanische König Laomoon den Göttern den Lohn für die Errichtung der Stadtmauern verweigerte, schickten sie ihm Strafen. Poseidon entsandte ein Meeresungeheuer, das Menschen und Herden verschlang. Das Orakel ver-

sprach Befreiung, wenn Laomoons Tochter, Hesione, dem Seeungeheuer preisgegeben würde. Herkules befreite die an einem Felsen am Meer angebundene Jungfrau. Als Lohn bedingte er sich die von Zeus geschenkten Wunderpferde aus.

„... die dardan'schen Frauen": die trojanischen Frauen, nach Dardanus, dem Stammvater der Trojaner.

„Leb du, so lebe ich": wenn du lebst ...

„... woher stammt Liebeslust": engl.: fancy; Simrock übersetzte „Liebesweh", Gundolf „Liebelei", Zeyneck gar „der eitle Wahn". In der Liebestheorie der Shakespeare-Zeit aber ist fancy die zweite und mittlere Stufe des Liebeslebens. Die erste Stufe ist das plötzliche Verlangen beim Anblick eines anwesenden schönen Menschenbildes, sie vergeht mit diesem Bilde. Wird aber das Bild zur „imagination", zum Inbild liebender Erinnerung, so ist die Stufe der „fancy" erreicht. Auch sie ist flüchtig. Erst auf der dritten Stufe, die mit den beiden ersten die Gewißheit seelischer Harmonie vereinigt, der „love", ist der unwandelbare Zustand erreicht, der zu steter Verbindung führt. Indirekt ist das Lied ein Wink an Bassanio, sich nicht vom äußeren Schein blenden zu lassen. Er greift ihn auch auf.

S. 44) **„... geschmückt von einer holden Stimme":** durch einen schönen Vortrag.

„Fließt gleich in ihren Herzen Milch ...": Shakespeare hat: who inward searched have livers white as milk = die, wenn sie innerlich durchsucht werden, Lebern weiß wie Milch haben. Die weiße Leber galt als ein Zeichen der Feigheit.

„... des Mutes Auswuchs ...": den Anschein des Mutes.

„... die es tragen, umso lockrer": die schönsten Menschen sind oft die leichtfertigsten.

„... diese schlänglicht krausen goldnen Locken": Die rötlichen Haare der Königin Elisabeth, die von Dichtern oft gepriesen wurden, führten dazu, daß viele Frauen gleiche Haare haben wollten. Sie trugen Perücken, für die man die Haare sogar den Toten abnahm.

„... als vorgeschützter Reiz": als vorgetäuschte Schönheit.

„Der eine Fratze birgt": engl.: an Indian beauty = eine indische Schöne, also eine Farbige, die als häßlich galt.

„Des Midas harte Kost": Dionysos hatte dem König Midas von Phrygien auf dessen törichte Bitte die Gabe verliehen, daß alles, was er berührte, zu Gold wurde. Auch Essen und Trinken verwandelten sich also bei der Berührung in hartes Gold. Erst nach

langem Flehen befreite ihn der Gott von der tödlichen Gabe.
„gemeiner, bleicher Botenläufer": aus Silber wurde das meiste Geld, das von Mann zu Mann läuft, hergestellt.
S. 45) **„Wie jede Regung fort die Lüfte tragen"**: Wie alle anderen starken Gefühle verfliegen. Sie werden anschließend aufgezählt.
„... es müßte ihm seine Augen stehlen": es müßte ihn blenden, unfähig machen zu sehen.
„... diesem Schatten zu nahe tritt": dem Bilde Porzias durch unzureichendes Lob unrecht tut.
„... auf Schein zu nehmen": entsprechend mir erteilter Vollmacht, wie es der Zettel aus dem Kästchen, der Schein, forderte.
S. 46) **„Ihr habt der Worte mich beraubt"**: Das Bild, das Bassanio braucht, besagt etwa: wie nach einer gnädigen Rede eines Fürsten die Menge so bewegt ist, das sie zum Beifall unfähig nur durch Gemurmel ihrem übervollen Herzen Luft macht, so ergeht es ihm hier.
S. 47) **„... die Wünsche gelingen sehen"**: glücklich erfüllt sehen.
„... den Ausdruck Eurer Treue": Euer Ehebündnis, die Vermählung.
„... ich sah die Dienerin": neue Übersetzer haben: die Gefährtin; die Vertraute (Schaller). Das Verhältnis von Porzia und Nerissa ist nicht als das von Herrin und Dienerin anzusehen. Ganz gewiß ist Nerissa keine Zofe. Es war Sitte, daß Töchter aus vornehmen Familien an Höfen als eine Art Gesellschafterin, jedenfalls als Gleichberechtigte, dienten. So wird Nerissa auch als Porzias Freundin bezeichnet. Nerissa fragt Porzia auch nicht wie bei Schlegel: Wenn Ihr euren Beifall gebt, sondern: it is, so you stand pleased withal = es ist so, deshalb seid auch Ihr darüber erfreut.
„... um tausend Dukaten": hier hat Shakespeare ein Wortspiel, das Schlegel unterschlug. Schaller stellt es folgendermaßen wieder her:

> „**Nerissa:** Wie, und auf's Spiel setzen?
> **Graziano:** Nein, dieses Spiel kann man nicht im Sitzen gewinnen."

„Lorenzo und sein Heidenkind": Lorenzo und Jessica.
S. 48) **„Wofern die Jugend meines Ansehens ..."**: etwa: obwohl ich erst ganz kurze Zeit hier Herr bin.
„Mein Vorsatz war es nicht ...": Salerio ist von Antonio an Bassanio abgeschickt worden.
„... munter dort die Fremde auf": Jessica ist gemeint.
„Dem königlichen Kaufmann": eine im Mittelalter in Italien und

England, aber auch in Deutschland geläufige Bezeichnung für Kaufleute, die sich durch ihren Reichtum und ihre Repräsentation auszeichneten, die aber unbedingte Redlichkeit im Handel zu ihrem Geschäftsgrundsatz gemacht hatten.

„... das Vlies": das goldene Vlies aus der Argonautensage. Hier als Sinnbild für Reichtum und Schätze.

„... ein feindseliger Inhalt": sehr böse Nachrichten.

S. 49) **„... die Berberei":** das heutige Algerien.

„Von armutdrohn'den Klippen": engl.: of mercheant-marring rocks = von Felsen, die den Kaufmann verderben, die den Handel morden.

„... klagt des Staats verletzte Freiheit an": Die verfassungsmäßige Freiheit Venedigs sichert allen Fremden die Ausübung jeden Handelsgeschäftes zu. Shylock verlangt jetzt die Vollstreckung der getroffenen notariellen Vereinbarung.

„... aus der Schikan ihn treiben": von der boshaften Forderung abbringen, zu der ihn der unter falschen Vorspiegelungen ausgestellte Schein berechtigt.

S. 50) **„... will ich Euch teuer lieben":** sollt Ihr mir um so teurer sein.

„... wenn ich sie zahle": Es bedeutet Antonios Tod, wenn er sich von Shylock ein Pfund Fleisch aus dem Leibe schneiden läßt.

„Sei nie ein Bett...": Hier ist das Ehebett gemeint, das ihn nicht hindern darf. Bassanio hofft aber, zu einer schnellen Regelung mit dem habgierigen Juden zu kommen, so daß keine Pause sein und Porzias Glück verzögert.

3. Auftritt

S. 51) **„Acht' auf ihn, Schließer":** Shylock hat Antonio, der die Schuld nicht termingerecht tilgen konnte, festnehmen lassen.

„Den christlichen Vermittlern": Salerio nannte sie in III,2: zwanzig Handelsleute, der Doge selbst und die Senatoren.

„... in Buß' ihm zu verfallen": engl.: I often delivered from his forfeitures many that have at times made moan to me = ich habe viele aus seiner Schuldverstrickung gelöst, die mir ihr Leid klagten.

„... daß diese Buße gilt": die Vollstreckung dieser verwirkten Schuld entsprechend dem Schein.

„... **die Bequemlichkeit“:** das Recht des freien Verkehrs und Handels.
„Setzt die Gerechtigkeit ... herab”: engl.: will much inpeach the justice = würde die Rechtlichkeit in Frage stellen.

4. Auftritt

S. 52) **„... sag ich's schon in Eurem Beisein”:** es ist doch Wahrheit und keine Schmeichelei.
„... meiner Seele Ebenbild”: Bassanio, dem aber wieder Antonio gleich sein muß, so daß auch er das Ebenbild ihrer Seele ist.
S. 53) **„... eine Nötigung des Zufalls“:** engl.: some necessity = eine gewisse Notwendigkeit.
„nach Padua“: Zu Padua hatten 1222 mehrere aus Bologna ausgezogene Gelehrte und Studenten eine neue Rechtsschule begründet, deren Ruhm bald der Bolognas nahekam. Es war üblich, in strittigen Fällen eine Rechtsschule, später eine juristische Fakultät, um ein Rechtsgutachten anzugehen und auch Gelehrte als Richter oder Sachverständige für bestimmte, zweifelhafte Rechtsfälle zu berufen. So stellt das Auftreten des jungen „Doktors der Rechte” im nächsten Akt nichts Ungewöhnliches dar.
S. 54) **„... wie im Übergang ... Diskant“:** wie mit einer hohen Knabenstimme im Stimmbruch.
„... sollen wir herab zu Männern sinken”: Der Witz Shakespeares ist von Schlegel völlig verfehlt. Es heißt: why, shall we turn to men? Porzia antwortet darauf: What a question's that? If thou wert near a lewd interpreter = was für eine Frage ist das? Als ob du ein unanständiger Dolmetscher wärest. Nerissas Frage ist doppeldeutig, sie kann heißen: sollen wir uns in Männer verwandeln? aber auch: Sollen wir männersüchtig, mannstoll werden?
„... mein ganzer Anschlag”: mein Plan.

5. Auftritt

S. 55) **„... meine Simulazion”:** falsch gebrauchtes Fremdwort. Engl.: my agitation = meine Bewegung, lebhafte Tätigkeit.
„Bastardhoffnung“: eine nicht legitime Hoffnung.
„Scylla ... Charybdis“: ein Meeresungeheuer und eine besondere Gefahrenstelle, die den heimkehrenden Odysseus bedrohten (Odyssee, 12. Kap.).

„... durch meinen Mann selig werden": Jessica antwortet in diesem sicher scherzhaft gemeinten Disput mit einer Anspielung auf den 1. Korintherbrief, 7,14: „Und das ungläubige Weib wird geheiligt durch den Mann".
„... das gemeine Wesen": engl.: the commonwealth = der Staat.
S. 56) **„... mit der Mohrin":** wohl einer Dienerin im Hause Shylocks.
„Es tut mir leid, wenn ich ihr etwas weisgemacht": Schlegels Übersetzung ist ein „Feigenblatt". Nach Schallers am ehesten zutreffender Übersetzung heißt die Stelle: „Das ist zuviel, daß die Mohrin sich über die Maßen mehrt; aber wenn sie weniger ist als ein ehrbares Weib, so ist sie in der Tat mehr, als wofür ich sie genommen."
„Mich, Herr": Lanzelot tut so, als ob er verstanden hätte, er solle sein Haupt bedecken (to cover), was sich für einen Diener in Gegenwart seines Herrn nicht ziemte.

Vierter Akt

1. Auftritt

S. 58) **„Kein Funk' Erbarmen":** engl.: no dram of mercy = kein Quentchen (altes Apothekergewicht) von Erbarmen.
„... sein streng Verfahren": Die Strenge, Härte seines Vorgehens.
„... diesen Anschein der Bosheit": genauer: Du treibst diese Art der bösen Absicht nur bis zur letzten Stunde vor der Ausführung.
S. 59) **„... auf die Gefahr der Freiheit ...":** Der Sinn ist: es müßte der Eindruck entstehen, daß dieser Freibrief zurückgenommen oder willkürlich eingeschränkt werde.
„Von schnödem Fleisch ...": engl.: of carrion flesh = von verweslichem Fleisch.
„... aber setzt ein, daß mir's so ansteht": engl.: but say it is my humour = sagt Euch dann eben: es ist meine Laune.
„... die kein schmatzend Ferkel": Bei Shakespeare: no gaping pig = kein Schwein mit offenem Maul. Gemeint ist der Schweinskopf, der nach alter Sitte mit einer Zitrone im Maul aufgetischt wurde, der dem Juden aber ein Greuel sein mußte.
„... die Sackpfeife durch die Nase singt": wenn sie näselt, beim Geschnarr des Dudelsacks.

„Denn die Triebe . . .": Bei Schaller heißt die Stelle genauer: denn Empfindungen, des Willenstriebes Herrin, leiten ihn nach seinem Wesen, seiner Lust und Unlust.
„Als eingewohnter Haß . . .": Als festgewurzelter Haß, Abscheu.
„Ein mir nachteilig Recht . . .": er verliert dabei 3000 Dukaten.
S. 60) **„Belästigung ist nicht sofort auch Haß":** Belästigung ist zu schwach; engl.: Every Offence is not a hate first = Jede Beleidigung ist nicht zunächst auch Haßausbruch. Shylock nimmt die Beleidigung absolut, nicht zuerst als Empfindung.
S. 61) **„. . . wo nicht Bellario":** Auch der Doge ist den Doktor Bellario um ein Rechtsgutachten angegangen, zu dem, als ihrem Vetter, Porzia ihren Diener Balthasar geschickt hat.
„. . . ein angestecktes Schaf . . .": ein krankes Glied unserer Gemeinschaft.
„An deiner Seele nicht an deiner Sohle": ein bei Shakespeare öfters auftretendes Wortspiel: not on thy sole, but on thy soul; weil die Seele des Juden härter ist als seine Sohle. Im übrigen ist das Wortspiel unübersetzbar.
„. . . daß ich es halte mit Pythagoras": Pythagoras begründete die Lehre von der Wanderung der Seelen durch niedere Stufen des Tierlebens, aus denen reines sittliches Verhalten zu höheren Stufen emporläutert, während böser und unsittlicher Lebenswandel zu tieferen tierischen Formen zurückführt. Graziano aber weiß keine niedrige Form des Lebens mehr, die Shylocks niedriger sittlicher Stufe entspräche.
S. 62) **„. . . das Siegel wegschiltst":** Shylock macht das formale Recht gegen das sittliche geltend.
„Ich stehe hier im Recht": Ich fordere mein Recht.
S. 63) **„Nehmt Euren Platz":** neben mir, dem Dogen.
„. . . das mächtigste im Mächtigen . . .": Der Mächtigste kann größere Gnade üben, beim Mächtigsten ist sie am stärksten.
S. 64) **„Meine Taten auf meinen Kopf":** Erinnerung an den Ausruf der Juden bei Matthäus 27, 25: „Sein Blut komme über uns und unsere Kinder".
„. . . nach Eurem Anseh'n": genauer: nach Eurer Autorität, Vollmacht als Rechtsgelehrter.
„. . . kein Anseh'n in Venedig": engl.: there is no power in Venice can alter a decree established = es gibt keine Macht in Venedig, die einen rechtsgültig abgeschlossenen Vertrag ändern könnte. Es wäre ein Präzedenzfall, nach dem sich andere richten müßten.
„Ein Daniel kommt zu richten": Nicht der Prophet Daniel ist ge-

meint. Die Anspielung bezieht sich auf die apokryphe Geschichte der Susanne. Gott erweckte in dem Knaben Daniel seinen Richter, der durch geschicktes Ausfragen die Verleumder Susannes entlarvte und der Strafe zuführte.

S. 65) **„... ich steh' auf meinem Schein"**: bestehe.

„... langwier'ger Buße": engl.: of such a misery = von solchem Unglück.

S. 66) **„So sind die Christenmänner"**: gemeint sind die christlichen Ehemänner.

„... vom Stamm des Barrabas": nach Lukas 23, 19 war Barrabas der Aufrührer und Mörder, der statt Christus auf Verlangen des Volkes freigegeben wurde.

S. 67) **„Ich nehme das Erbieten ..."**: Bassanios, die Summe zu zahlen.

„Von einem Skrupel ...": ein medizinisches Gewicht, 1,22 Gramm. „Nur um die Breite eines Haares": das Gewicht eines Haares.

S. 68) **„Wenn man es einem Fremdling ..."**: engl.: an alien = einem Ausländer; Shylock ist es, weil er nicht das Bürgerrecht besitzt.

„... fällt dem Schatz anheim": dem Staatsschatz.

„In der Benennung ...": engl.: in which predicament = in genau dieser schlimmen Lage.

„Was Nachsicht mildern kann zu einer Buße": Aus Gnade kann die Einziehung des Vermögens in eine Geldstrafe verwandelt werden.

„... für den Staat, nicht für Antonio": Nur die dem Staat verfallene Hälfte des Vermögens, nicht die Antonio zustehende kann durch eine Geldstrafe abgelöst werden.

„Die Buße seines halben Gutes ...": Antonio bittet, Shylock auch die Geldstrafe zu erlassen. Von der Hälfte, die ihm zugefallen ist, will er nur den Nießbrauch, um sie nach Shylocks Tode seinen Erben zurückzuerstatten.

S. 69) **„Wär' ich dein Richter, kriegtest du zehn mehr"**: nämlich zehn Geschworene, die ihm das Todesurteil sprächen. Die Richter wurden scherzhaft Godfathers- in law = Rechtspaten, Gerichtsgevattern genannt.

„Lohnsüchtiger war ich niemals ...": gewinnsüchtiger; nie strebte ich nach höherem Lohn.

„Ich bitt' Euch, kennt mich ...": Die Stelle ist doppeldeutig: Der junge Rechtsgelehrte möchte, wie Bassanio es auffassen muß, daß ihm bei zufälligem Zusammentreffen freundschaftlich begegnet

wird. Porzia aber wurde hier von ihrem Gatten nicht erkannt, sie darf gespannt darauf sein, wie er sich verhalten wird, wenn er die Wahrheit erfährt.
S. 70) **„... nur als Tribut":** als Zeichen des Dankes.
„... nicht gar ein töricht Weib": bei Shakespeare stärker: a madwoman = „reif für's Tollhaus" (Schaller).
„... gegen Eurer Frau Gebot": Liebe und Freundschaft sind in einem letzten Widerstreit, den Antonio zugunsten der Freundschaft entschieden wissen will. Für den Zuschauer aber hat dieser von Bassanio sehr ernst genommene Widerstreit einen heiteren Hintergrund, weil er weiß, wer der junge Rechtsgelehrte ist.

2. Auftritt

„... die Akte": die Schenkungsurkunde.

Fünfter Akt

1. Auftritt

S. 72) **Troilus:** Sohn des Priamus, der in Cressida, die leichtfertige Tochter des Sehers Kalchas verliebt ist. Shakespeare hat die Geschichte nach Chaucers epischem Gedicht in „Troilus und Cressida" dramatisch gestaltet.
„Thisbe": Pyramus und Thisbe, Liebespaar aus der babylonischen Sage. Shakespeare hat seine tragische Geschichte parodierend im Rüpelspiel des „Sommernachtstraums" aufgenommen.
Dido: Die Königin von Karthago, die Äneas auf Geheiß der Götter heimlich verließ. Die Weide gilt als Zeichen der unglücklichen Liebe. Dazu Desdemonas „Lied vom Weidenbaum" in „Othello".
Medea: Die zauberkundige Tochter des Königs Aetes von Kolchis aus der Argonautensage. Sie ließ sich von Jason entführen und verjüngte dessen Vater Aeson durch zauberische Kräuter.
S. 73) **„Ich wollt' Euch übernachten":** engl.: I would out-night you, ein von Jessica im Scherz gebildetes Wort: ich wollte Euch in der Erfindung solcher Nachtgeschichten übertreffen.
„Holla!": Lanzelot tut, als ob er Lorenzo nicht sähe.

„. . . sein Horn voll guter Neuigkeiten“: Das Posthorn wird mit einem Füllhorn verglichen.

S. 74) **„. . . sanfte Still‘ und Nacht“:** Die Stille der Nacht klingt zusammen mit der Harmonie der Musik. Der Herausgeber des Standard-Verlages übersetzt die folgende Zeile: „Sie werden Tasten süßer Harmonie”.

„. . . mit Scheiben lichten Golds”: den Sternen. Lorenzo greift die Lehre der Pythagoräer auf, nach der die Gestirne nach harmonischen Gesetzen angeordnet sind und bei ihrem Umlauf eine Musik (Sphärenmusik) erzeugen, die freilich das menschliche Ohr nicht zu vernehmen vermag.

„. . . dies hinfällige Kleid von Staub“: der menschliche Körper.

„. . . weckt Dianen auf”: Diana, die Mondgöttin, liebt Endymion und steigt allnächtlich herab, um bei ihm, der in dauernden Schlaf versenkt ist, zu ruhen.

„. . . deine Geister sind gespannt”: Lorenzo meint, daß Musik auf lebhafte Menschen einen besänftigenden Eindruck macht, sie aber wohl auch wehmütig stimmt.

Orpheus: Der thrakische Sänger soll durch seinen Gesang wilde Tiere gezähmt, Bäume und Felsen bewegt und Wind und Wellen beruhigt haben.

„. . . nichts so stöckisch“: so verstockt.

„. . . nicht Musik hat in ihm selbst“: in sich selbst. Musik bedeutet auch hier die Harmonie der gesamten Persönlichkeit.

„. . . düster wie der Erebus”: wie die Unterwelt.

S. 75) **„. . . nichts ist ohne Rücksicht gut”:** nämlich auf die Umstände.

„. . . an meiner schlechten Stimme“: vielleicht Anspielung auf ein Sprichwort oder eine Fabel.

S. 76) **„Wir hielten mit den Antipoden Tag”:** Die Antipoden oder Gegenfüßler bewohnen die Teile der Erde, die Tag haben, wenn wir Nacht haben. Bassanio meint: Porzias Erscheinen macht die Nacht zum Tag („Wo Ihr die Leuchte wärt”).

„Heißt Ihr mich Leuchte schon, nur keine Leichte“: Porzias Wortspiel ist nur unvollkommen wiederzugeben: Let me give light, but let me not be light = laßt mich Licht geben, aber nicht leicht sein. Light bedeutet ebenso leicht wie leichtfertig; . . . schweren Ehemann = heavy: schwer an Gewicht, aber auch schwer betrübt, niedergeschlagen. Natürlich läßt sich das Wortspiel auch zweideutig auffassen.

„Wär‘ er verschnitten —“: kastriert.

„ . . . wie Vers' auf einer Klinge": sprichwörtlich für einen Gemeinplatz. Engl.: whose poesy was ... like cutlers' poetry upon a knife = dessen Poesie genau so war wie die der Messerschmiede auf Klingen.
„ . . . trägt niemals Haar am Kinn": d. h. es ist eine Frau.
S. 77) **„ . . . der Plauderbub":** engl.: a prating boy = ein schwatzhafter Junge.
„ . . . mit Treu an Euren Leib geschmiedet": engl.: and riveted so with faith into your flesh = und so mit Treueschwüren an Euch befestigt; „mit Treugelübde fest an Euch genietet" (Schaller).
S. 78) **„ . . . die Kraft des Ringes":** er macht seinen Träger zur Herrin über Porzia und ihren gesamten Besitz.
„ . . . bei diesen heil'gen Lichtern": bei den Sternen.
„ . . . wie ein Argus": der hundertäugige Riese, ein Bild des gestirnten Himmels.
S. 79) **„ . . . mein gezwungenes Unrecht":** Das Unrecht, das ich in einer Zwangslage tat.
„Ich lieh einst meinen Leib . . .": ich setzte ihn zum Pfande.
„ . . . sind wir Hahnrei' ": betrogene Ehemänner.
S. 80) **„ . . . streut Manna Hungrigen":** Die Schenkungsurkunde ist für Lorenzo und Jessica eine ebenso große Wohltat, wie es das Manna einst für die durch die Wüste wandernden Israeliten war.
„ . . . vernehmt auf Fragartikel uns": In gewissen Prozessen vor dem obersten Gericht wird dem Angeklagten der Eid abgenommen, auch in eigener Sache auf alle Fragen wahrhaft zu antworten.

GANG DER HANDLUNG

Erster Akt

1. Auftritt

Antonio, der Kaufmann von Venedig, und seine Freunde Salarino und Solanio haben sich auf der Straße getroffen. Eine unerklärliche Schwermut hat Antonio seit einiger Zeit befallen, etwas, was er nicht kennt, beunruhigt ihn. Die Freunde vermuten, daß die Sorge um seinen Handel, um seine stolzen Galeonen, die auf dem unberechenbaren Meer den Gefahren von Stürmen, Klippen und Untiefen ausgesetzt sind, ihn quält. Antonio weist die Vermutung zurück. Er hat sein reiches Gut nicht nur einem Schiff anvertraut, er hat es auch nicht an einem Orte niedergelegt. Sein Glück hängt auch nicht von einem Jahre ab. Da vermuten die Freunde, Antonio sei verliebt. Diese Vermutung aber weist er geradezu entrüstet ab. Da bleibt dann nur noch die Erklärung, daß er traurig ist, weil er nicht lustig ist, also aus einer Laune heraus.

Zu ihnen gesellen sich Bassanio, Lorenzo und Graziano, was Salarino und Solanio Anlaß gibt, sich zu beurlauben. Graziano erkennt sogleich, daß Antonio in trüber Stimmung ist. Redselig und wortgewandt bringt er auch gleich eine Erklärung dafür. Als Antonio ihm bestätigt, daß ihm die Welt nicht mehr ist als eine große Bühne, auf der jeder seine Rolle spielt, und daß ihm eine traurige zugeteilt worden ist, ist er sofort bereit, den Narren zu spielen, der immer die Freiheit hat, die Wahrheit zu sagen. Er warnt Antonio vor dem Schein der Schwermut, der nur angenommen wird, „sich in einen Schein zu kleiden von Weisheit, Würdigkeit und tiefem Sinn." Mit Humor nimmt er auch Antonios Antwort auf: „Ich werd' ein Schwätzer Euch zu lieb!"

Allein mit Bassanio verlangt Antonio zu wissen, was es mit dem schönen Fräulein auf sich hat, zu dem er „geheime Wallfahrt" gelobt hat. Offen gesteht ihm Bassanio, daß er, indem er über seine Verhältnisse lebte, sein Vermögen erschöpfte. Darüber hinaus ist er bei Antonio tief in Schulden verstrickt. Jetzt ist ihm ein Gedanke gekommen, wie er sich von allen Schulden lösen könnte. Ohne erst Näheres zu wissen, sagte ihm Antonio jede Unterstützung zu. Bassanio will sich um eine reiche Erbin in

Belmont, um Porzia, bewerben. Nicht nur ihr Reichtum, sondern auch ihre Schönheit und ihre Tugend haben sie berühmt und umworben gemacht. Wenn er den äußeren Rang mit ihren Freiern behaupten kann, so traut er sich wohl zu, ihre Hand und mit ihr das unermeßliche Vermögen zu erwerben. Von ihrem Auge hat er einst „holde Botschaft empfangen". Nun bittet er Antonio, ihm die Mittel für diese Werbung zu leihen. Antonio ist sofort bereit dazu. Aber er verfügt im Augenblick nicht über genügend bares Geld. Bassanio soll sich in Venedig umsehen, wo die erforderliche Summe auf seinen Kredit zu beschaffen ist. Sein Ansehen als Kaufmann in Venedig ist groß genug, um alle Schwierigkeiten bei der Beschaffung des Geldes zu beheben.

2. Auftritt

Auch Porzia, die reiche Erbin von Belmont, ist melancholisch gestimmt. Das Testament ihres Vaters hat sie in eine eigentümliche Zwangslage gebracht. Sie muß den Freier erhören, der bei der Kästchenwahl aus drei Kästchen das auswählt, das ihr Bild enthält. Ihn kann sie nicht ausschlagen, jeden anderen aber muß sie unter für ihn erschwerenden Umständen — er darf nie wieder um eine andere freien — abweisen. Nerissa, ihre Gefährtin, meint, daß der Vater mit den drei Kästchen, einem goldenen, silbernen und bleiernen doch recht hatte, weil nur derjenige das richtige Kästchen wählen würde, der Porzia aufrichtig liebt. Dann fragt sie, was Porzia von den sechs Freiern — im Text steht vier — halte, die zur Zeit in Belmont weilten, einem neapolitanischen Prinzen, einem deutschen Pfalzgrafen, einem französischen Herrn, einem englischen Baron, einem Schotten und einem deutschen Herzog. Das gibt Gelegenheit, nationale Eigenheiten zu verspotten, was wiederum interessant für die Vorurteile der Shakespeare-Zeit ist. Allerdings wird auch die eigene Nation nicht verschont. Der Neapolitaner ist ein witzloser Rennomist, der deutsche Pfalzgraf ein finsterer, trockener Murrkopf, der Franzose ein prahlerischer Windbeutel, der Engländer ein verdrehter, schweigsamer und extravaganter Sonderling, der Schotte ein Waschlappen, der sächsische Herzog ein Trunkenbold, der sich kaum über das Vieh erhebt. Mit großer Erleichterung nimmt Porzia von Nerissa die Nachricht entgegen, daß alle Herren abzureisen gedenken, weil sie sich der vorgeschriebenen Kästchenwahl nicht unterziehen wollen. Sie haben um eine Unterredung zum Abschied gebeten. Porzia ist froh darüber. Sie läßt aber auch durchblicken, daß sie sich noch sehr gut eines jungen Venezianers, „eines Studierten und Kavaliers“ namens Bassanio erinnert, der einst in Gesellschaft des Grafen von Montferrat am Hof ihres Vaters weilte. Ein Diener meldet, daß ein neuer Freier, der Prinz von Marokko, seine Ankunft melden läßt.

3. Auftritt

Bassanio trifft auf einem öffentlichen Platz den Wucherer Shylock, von dem er 3000 Dukaten entleihen möchte, für die Antonio die Bürgschaft übernehmen soll. Shylock macht anfangs Schwierigkeiten, weil Antonios Vermögen in Unternehmungen über die weiten Meere verstreut ist, denen von Menschen, Wind, Wellen und Klippen Gefahren drohen. Er will sicher gehen und vor seiner Zustimmung mit Antonio sprechen. Er haßt den Kaufmann, weil dieser ihm in seiner königlichen Großherzigkeit seine Geschäfte störte, er weiß aber auch, daß Antonio ihn und sein Volk haßt und ihn als Wucherer verachtet. „Aus gemeiner Einfalt“ drückt Antonio „den Preis der Zinsen“, indem er seinen leichtsinnigen Freunden ohne Zinsen Geld leiht. Shylock verteidigt seinen Standpunkt, daß Zinsnehmen „rechtlicher Gewinn” sei, ohne Antonio irgendwie zu beeindrucken. Da spricht er sein Befremden darüber aus, daß er von ihm, vom verachteten Juden, den er oft genug beschimpft und bespieen hat, Geld nehmen will. Im Vertrauen auf sein Vermögen läßt sich Antonio herbei, ihn aufzufordern, ihm nicht als Freund, sondern als Feind das Geld zu leihen, weil er die Schuld beim Verfall dann umso eher eintreiben könne. Shylock greift diesen Gedanken begierig auf, er ahnt eine Möglichkeit, sich an Antonio für viele Kränkungen zu rächen. Er läßt sich aber nichts anmerken und versichert, daß er die ihm angetane Schmach vergessen und das Darlehen ohne einen Heller Zinsen geben wolle. Nur zum Spaß soll Antonio ihm eine Schuldverschreibung unterzeichnen, die ihn berechtigt, falls die Summe nicht am bestimmten Tag und Ort zurückgezahlt ist, ein Pfund Fleisch aus seinem Leibe zu schneiden. Bassanio will zwar nicht, daß Antonio einen solchen Schein unterschreibt, weil er die unerwartete Freundlichkeit „bei tückischem Gemüt“ fürchtet. Lieber will er arm bleiben. Aber Antonio, der ganz sicher ist, daß sein Vermögen ihm ermöglicht, den Betrag leicht und zum vorgesehenen Termin, ja, noch früher zurückzuzahlen, erklärt sich bereit, Shylock beim

Notar zu treffen, um die Schuldverschreibung unter den angegebenen Bedingungen, die er für einen Spaß hält, zu unterschreiben.

Zweiter Akt

1. Auftritt

Der Prinz von Marokko ist in Belmont eingetroffen und wird von Porzia empfangen. Er rühmt sich selbst, daß trotz seiner schwarzen Hautfarbe sein Blut ebenso rot, ja noch röter sei als das eines weißen Mannes. Die edlen Jungfrauen seines Landes sind alle verliebt in ihn, an Tapferkeit kann sich keiner mit ihm messen. Er hofft, die Gunst Porzias durch seine Vorzüge zu gewinnen. Sehr zurückhaltend und sachlich antwortet Porzia, daß ihre Gunst nicht entscheide, daß sie das Vermächtnis ihres Vaters zu erfüllen habe. Sollte er die richtige Wahl treffen, so habe er den gleichen Anspruch auf ihre Neigung wie jeder andere Freier, dem der gleiche Erfolg als erstem beschieden sei. Da beklagt der Prinz bitter, daß die Entscheidung so sehr vom Zufall abhängig sei. Seine gewaltigen Heldentaten würden sonst den Erfolg sichern. Porzia macht ihn darauf aufmerksam, daß er vor der Wahl einen Eid schwören muß (II, 9, in der Reclam-Ausgabe II,8):

> „Zum ersten, niemals jemand kundzutun,
> Welch' Kästchen ich gewählt; sodann, verfehl' ich
> Das rechte Kästchen, nie in meinem Leben
> Um eines Mädchens Hand zu werben; endlich
> Wenn sich das Glück zu meiner Wahl nicht neigt,
> Sogleich Euch zu verlassen und zu geh'n."

Der Prinz läßt sich sofort zum Tempel führen, um den Eid abzulegen. Nach der Mahlzeit soll er dann sein Glück versuchen.

2. Auftritt

Lanzelot, der Diener Shylocks, von seinem Herrn als „lockerer Bube" bezeichnet, trägt mit sich selbst einen komischen Seelenkampf aus, ob er bei dem Juden bleiben oder ihn verlassen soll. Wenn er seinem Gewissen folgt, muß er bei dem Herrn bleiben,

der „eine Art von Teufel" ist. Entflieht er aber aus dem Dienst des hartherzigen und geizigen Juden, so folgt er dem Rat des bösen Feindes, „der mit Respekt zu sagen, der Teufel selber ist". Immerhin erscheint ihm der Rat des bösen Feindes freundschaftlicher als der des Gewissens, er will entfliehen. Da tritt Gobbo, sein blinder Vater, auf, der dem Juden ein Gericht Tauben zum Geschenk machen will. Eine Weile treibt Lanzelot seine Clownsspäße mit dem Vater, dann gibt er sich zu erkennen und bittet um seinen Segen, ohne jedoch die Streiche aufzugeben. Er beklagt sich, wie schlecht er von Shylock gehalten wird, und bittet den Vater, nicht ihm, sondern Bassanio das Geschenk zu geben, von dem er gehört hat, daß er Diener sucht, und bei dem er sich bewerben will. Da Bassanio gerade vorbeikommt, tragen ihm Vater und Sohn mit größter Umständlichkeit in ebenso verdrehten wie gezierten Wendungen ihr Anliegen vor. Shylocks Beschwerde über Lanzelot ist Bassanio Empfehlung genug, er nimmt ihn an.
Als die beiden fort sind, befiehlt Bassanio seinem Diener Leonardo, zum Abend ein Fest, das er seinen Freunden zum Abschied geben will, vorzubereiten. Graziano tritt zu ihm mit der Bitte, ihn nach Belmont begleiten zu dürfen. Zögernd willigt Bassanio ein. Graziano muß aber sein keckes Wesen zügeln, das leicht mißdeutet werden kann. Mit Humor nimmt Graziano die Zurechtweisung auf und verspricht in komischer Übertreibung, sich höchst mäßig und sittsam zu erweisen. Den heutigen Abend aber will er ausgenommen wissen, damit ist Bassanio gern einverstanden.

3. Auftritt

Lanzelot hat Jessica, Shylocks schöner Tochter, mitgeteilt, daß er das Haus ihres Vaters zu verlassen gedenkt. Sie ist traurig darüber, denn wenn ihr das Haus des Vaters eine Hölle schien, so war Lanzelot doch der lustige Teufel darin, seine Späße nahmen ihm einen Teil seiner Widrigkeit. Sie hat beschlossen, selbst das Haus zu verlassen, Lorenzo will sie entführen und zur Christin und zu seinem Weibe machen. Sie gibt jetzt Lanzelot, der abends bei seinem Herrn ihren Geliebten sehen wird, einen Brief für ihn und einen Dukaten als Botenlohn. Jessica macht sich Vorwürfe, sie fühlt sich undankbar dem Vater gegenüber, weil sie sich schämt, sein Kind zu sein und ihn verlassen will. Aber sie kann doch nicht seines Herzens Tochter sein. Jetzt wünscht sie sich nur, daß Lorenzo Wort hält.

4. Auftritt

Lorenzo verabredet mit Graziano, Salarino und Salerio für die Nacht einen Maskenscherz, bei dem sie von Fackelträgern begleitet sein sollen. Lanzelot bringt Lorenzo Jessicas Brief. Im Auftrage Bassanios soll Lanzelot Shylock zum Abendessen einladen. Lorenzo beauftragt ihn, Jessica heimlich mitzuteilen, daß er sie treffen will. Sie soll sein Fackelträger sein, ein Knabenanzug ist schon vorbereitet. Als Salarino und Salerio fortgegangen sind, um sich Fackelträger zu bestellen, vertraut Lorenzo dem Freunde Graziano den wohlvorbereiteten Plan an, in der kommenden Nacht, während der Vater abwesend ist, Jessica, die sich reichlich mit Gold und Juwelen versehen wird, zu entführen.

5. Auftritt

Shylock hat Bassanios Einladung angenommen und ist im Begriff, ihr zu folgen. Er hält Lanzelot vor, daß er es bei seinem neuen Herrn nicht so gut haben werde, wie bei ihm. Dann ruft er Jessica und teilt ihr die Absicht, zu Bassanio zu gehen, mit. Er übergibt ihr die Schlüssel und befiehlt ihr, das Haus gut zu verschließen. Die Ahnung eines kommenden Unglückes, ein böser Traum quält ihn. Auch das Maskentreiben, dessen Vorbereitungen er beobachtet, macht ihn unruhig. Aber er will doch gehen, von dem leichtsinnigen Christen zehren und ihm helfen, den Beutel umso gründlicher zu leeren. Streng verbietet er Jessica, dem Maskenzug zuzusehen, alle Fenster soll sie sorgfältig verschlossen halten. Lanzelot, den Shylock vorausschickt, um seine Ankunft bei Bassanio anzumelden, flüstert Jessica zu, sie solle doch zum Fenster hinaussehen, ein Christ werde vorbeikommen, der wert sei, daß sie ihn küsse. Diese Heimlichkeit gibt Shylock Veranlassung, ihn abfällig zu beurteilen. Zwar sei er anstellig, aber viel zu teuer. Darum will er ihn gern dem Christen überlassen, auch er wird den „aufgeborgten Beutel leeren“ helfen. Mit der wiederholten Mahnung, die Türen fest zu schließen, entfernt sich Shylock. Jessica ist umso fester entschlossen, sich entführen zu lassen.

6. Auftritt

(In der Reclam-Ausgabe sind der 5. und der 6. Auftritt, die den gleichen Schauplatz haben, als ein Auftritt zusammengefaßt. Das entspricht seit langem der Bühnenpraxis).

Graziano und Salarino haben sich an dem mit Lorenzo vereinbarten Platz eingefunden und sind überrascht, daß nichts von Lorenzo zu sehen ist. Sie vermuten schon, er sei seines Planes überdrüssig geworden. Aber gerade im rechten Augenblick noch erscheint Lorenzo, der sich damit entschuldigt, daß sein „Geschäft", das ist die Entführung Jessicas und der Schätze, die sie dem Vater abnehmen will, ihn aufgehalten habe. Jessica erscheint am Fenster in der Tracht eines Pagen. Als sie sich vergewissert hat, daß Lorenzo sie erwartet, wirft sie ihm ein Kästchen mit Kostbarkeiten zu. Sie schämt sich, weil sie Knabenkleider trägt und zu ihrer Entführung selbst die Fackel tragen soll. Aber sie tritt, nachdem sie sich „mit mehr Dukaten noch vergüldet" hat, auf die Straße hinaus. Im Maskenzug wird sie fortgebracht. Zu dem allein bleibenden Graziano tritt eilig Antonio. Der Wind hat sich gedreht, Bassanio will sofort an Bord und unter Segel gehen, er erwartet dringend die Freunde, die ihn begleiten wollen. In der Nacht noch wird er die Fahrt antreten. Graziano ist sehr erfreut darüber, auch für Lorenzo und Jessica ist die sofortige Abreise von Venedig die beste Lösung.

7. Auftritt

(in der Reclam-Ausgabe der 6. Auftritt)

Der Prinz von Marokko wird von Porzia in das Zimmer geführt, in dem die Kästchen stehen. Er soll seine Wahl treffen. Zunächst liest er die Inschriften. Das goldene Kästchen verheißt:

„Wer mich erwählt, gewinnt, was mancher Mann begehrt."

Das zweite, das silberne Kästchen führt das Versprechen:

„Wer mich erwählt, bekommt soviel, als er verdient."

Auf dem dritten, dem bleiernen, aber steht:

„Wer mich erwählt, der gibt und wagt sein alles dran."

Porzia erklärt ihm, daß das rechte Kästchen ihr Bildnis enthält. Der Prinz überlegt lange. Es erscheint ihm ausgeschlossen, daß Blei ein so kostbares Bildnis enthalten könnte. Eher neigt er dem silbernen Kästchen zu, denn er ist überzeugt, daß er um seiner großen Taten, seiner Verdienste willen, durch Geburt und Glück, vor allem aber durch Liebe das Fräulein verdient. Aber dann läßt er sich doch vom Gold blenden, weil Gold allein ein so edles Bildnis fassen kann. Er wählt das goldene Kästchen, findet darin aber ein Totengerippe und Verse, die ihn belehren, daß nicht alles Gold ist, was gleißt, daß Schein und Sein nicht miteinander verwechselt werden dürfen. Er muß abziehen, und Porzia ist sehr beglückt darüber.

8. Auftritt

(in der Reclam-Ausgabe der 7. Auftritt)

Salarino und Solario unterhalten sich auf der Straße über die schnelle Abreise Bassanios und Grazianos nach Belmont. Voller Wut über die Entführung seiner Tochter rief Shylock noch in der Nacht den Dogen aus dem Schlaf, der mit ihm ging, das Schiff zu untersuchen, aber zu spät kam. Da erhielt der Doge den Bericht, daß man Lorenzo und Jessica in einer Gondel gesehen habe, Antonio gab ihn und verbürgte sich dafür. Außerdem sagte Antonio aus, das Paar sei nicht an Bord gewesen. Solanio schildert nun die wilden Klagen, die der Jude, durch die Straßen Venedigs laufend, ausrief um seine Tochter, seine Dukaten und seine Juwelen, bis ihm alle Gassenbuben nachliefen und ihn spottend nachmachten: „Die Stein', die Tochter, die Dukaten!"
Besorgt gibt Solanio zu bedenken, daß Antonio, wenn er den Verfallstag versäume, für diese neue Kränkung Shylocks büßen müsse. Salarino wird dadurch an das Gerücht erinnert, ein venezianisches Schiff sei im Ärmelkanal untergegangen. Er wünscht nur, daß es nicht Antonios ist. Um noch einmal die Herzensgüte Antonios leuchtend herauszuheben, berichtet Salarino vom Abschied Antonios und Bassanios. Ausdrücklich forderte Antonio, daß der Freund sich in seiner Werbung nicht übereilen und überhaupt nicht an die Schuldverschreibung, die seinetwegen eingegangen wurde, denken solle. Solanio drückt die Überzeugung aus, daß Antonio die Welt nur um des Freundes willen liebt. Die beiden beschließen, Antonio aufzusuchen und seine Schwermut, so gut sie können, zu zerstreuen.

9. Auftritt

(in der Reclam-Ausgabe 8. Auftritt)

Ein neuer Freier ist in Belmont eingetroffen, der Prinz von Arragon. Er hat bereits den vorgeschriebenen Eid abgelegt und schreitet nun zur Wahl. Auch er prüft eingehend die Inschriften auf den Kästchen. Richtig erkennt er an dem goldenen Kästchen die Warnung, blendenden Schein nicht für Sein zu nehmen. Das bleierne Kästchen aber hat er sogleich verworfen. So bleibt ihm nur das silberne, das dem, der es erwählt, „so viel, als er verdient" verspricht. Von seinen Verdiensten aber ist er überzeugt. Als er jedoch das silberne Kästchen öffnet, findet er darin das Bild eines Narren und einen Zettel, der ihn darüber belehrt, daß eignes Verdienst oft nur Schatten ist. Wütend geht er ab, es ist ihm unfaßbar, daß sein Verdienst so schlecht belohnt werden kann. Kaum hat er den Saal verlassen, da meldet ein Bedienter einen neuen Freier, einen jungen Venezianer an, und aus tiefstem Herzen wünscht Nerissa:

„Bassanio, Herr der Herzen, laß es sein!"

Dritter Akt

1. Auftritt

Salarino und Solario treffen sich. Salarino kommt gerade von der Börse auf dem Rialto. Das Gerücht, daß Antonios Schiff in der Meerenge zwischen England und Frankreich gescheitert und auf einer gefährlichen Sandbank zugrunde gegangen ist, scheint sich zu bestätigen. Man ist in Venedig allgemein überzeugt, daß Antonio mit diesem Schiff einen gefährlichen Vermögensverlust erlitten hat. Beide Freunde wünschen von Herzen, daß kein weiteres Unglück Antonio trifft. Shylock tritt hinzu und beschuldigt die beiden, die Flucht seiner Tochter begünstigt zu haben. Sie aber weisen seine Beschuldigungen mit Spott zurück und machen ihn selbst verantwortlich dafür, daß seine ihm so ungleiche Tochter entfloh. Sie bringen dann das Gespräch auf Antonio. Shylock spricht offen seinen Haß gegen ihn aus, der ihn so oft beschimpfte, und wiederholt mehrmals die drohenden Worte: „Er sehe sich vor mit seinem Schein!"

Ein Bote ruft Solario und Salarino zu Antonio. Zu dem allein bleibenden Shylock tritt sein Freund, Tubal, der auf einer Geschäftsreise Jessica nachgeforscht hat. Er hat sie nicht gefunden, aber manches von ihr gehört. Mit Ingrimm und Selbstmitleid, Wut und Haß nimmt Shylock die Nachrichten von den verschwenderischen Ausgaben seiner Tochter auf. Es wird nie ganz klar, ob er der Tochter nachjammert oder seinem Geld. Umso freudiger hört er die Berichte von dem Unglück, das Antonio widerfahren ist. Endlich sieht er einen Weg, sich an den ihm verhaßten Christen zu rächen. Er bittet Tubal, schon jetzt einen Amtsdiener zu bestellen, der Antonio bewachen und beim Verfall sofort festnehmen soll. Er will Antonios Leben, denn nur wenn dieser weg ist, kann er frei in Venedig Handel treiben.

2. Auftritt

Bassanio, der von Nerissa, die Porzias Wünsche damit traf, herbeigesehnte Freier, ist entschlossen, die entscheidungsvolle Wahl zu treffen. Porzia sucht ihn zurückzuhalten. Sie möchte, weil der Ausgang des Wählens unsicher ist, wenigstens einige Zeit das Glück seiner Gesellschaft haben. Ihre Worte lassen Bassanio nicht in Zweifel über ihre tiefe Zuneigung zu ihm. Wenn er falsch wählt, wird sie für immer unglücklich sein. Das veranlaßt Bassanio, noch mehr auf die Wahl zu drängen, damit der Zustand der Ungewißheit sein Ende findet. Porzia befiehlt, daß während er wählt, Musik ertönt:

„So wenn er fehlt, end‘ er schwanengleich
Hinsterbend in Musik . . .”

Gewinnt er aber, so soll die Musik, wie „Paukenschlag”, wie eine Fanfare sein, mit der ein treues Volk sich „dem neugekrönten König neigt.” Sich selbst vergleicht sie mit der einem Seeungeheuer zum Opfer an Meeresfelsen gefesselten Hesione, die hofft, daß Bassanio sie wie jene einst Herkules befreit.
Während eines Liedes über das Wesen der Liebe überlegt Bassanio die rechte Wahl. Er verwirft das Gold wegen seines gleißenden Scheines, der oft trügt. „Des Midas harte Kost“ will er nicht. Auch das Silber, der „gemeine bleiche Botenläufer von Mann zu Mann“ wird abgewiesen. Das magere Blei, „das eher droht als irgendwas verspricht”, das aber auch das Wagnis herausfordert, sagt ihm eher zu, er wählt das bleierne Kästchen. Porzia vermag kaum ihre freudige Erregung zu verbergen, das Glück über

Bassanios Wahl und die Erfüllung ihrer Wünsche droht sie zu überwältigen. Als Bassanio das bleierne Kästchen öffnet, findet er „der schönen Porzia Bildnis“. Er ist so entzückt darüber, daß er sich zusammenraffen muß, um zu begreifen, daß er das Urbild, das diesen „Schatten“ weit hinter sich läßt, gewonnen hat. So nähert er sich, wie der dem Bildnis beigefügte Zettel verlangt, Porzia und spricht sie „mit holdem Kuß” an. Noch zweifelt er, ob er wirklich dieses Glückes würdig ist. Porzia aber gibt sich, von innigster Liebe getrieben, ihm zu eigen. Sie tut es mit Anmut und schalkhaftem Humor. Er soll ihr Gemahl, Führer und König sein. Mit sich selbst übergibt sie ihm auch alles, was sie besitzt. Als Zeichen dieser Hingabe schenkt sie ihm einen Ring, knüpft aber auch die Mahnung daran, daß er sie verliere, wenn er diesen Ring verliere oder verschenke. Bassanio gelobt hoch und heilig, daß er sich nie von diesem Ring trennen werde.
Nun tritt Nerissa vor. Der sonst so kecke und wortgewandte Graziano hat von jetzt ab nur noch zu bestätigen, was sie sagt. Nerissa hat ihm ihre Neigung geschenkt und er liebt sie. Sie gab ihm auf sein Werben hin das Versprechen, daß sie die Seine werden wolle, wenn Bassanio Porzia gewinnen sollte. Porzia und Bassanio geben gern ihre Zustimmung. Aber das Glück der beiden Paare, die zueinander gefunden haben, wird sogleich wieder getrübt. Salerio tritt auf mit Lorenzo und Jessica und überbringt Bassanio einen Brief Antonios, in dem er dem Freunde mitteilt, daß sein ganzer Wohlstand verloren ist, weil alle seine Unternehmungen fehlgeschlagen sind, und daß die Schuldverschreibung verfallen ist. Sein Leben ist verwirkt, denn Shylock ist nicht gewillt, nach dem Verfall des geschuldeten Geldes überhaupt noch Geld anzunehmen. Er besteht auf dem Recht, das ihm sein Schein zubilligt. Der Doge selbst und zwanzig Senatoren wollen sich für seine Schuld verbürgen, sie abtragen, aber Shylock geht auf nichts ein. Tag und Nacht liegt er dem Dogen in den Ohren, er müsse dem Recht freien Lauf lassen und der Erfüllung seines Scheines zustimmen. Jessica bestätigt, daß sie hörte, wie Shylock vor Landsleuten schwur, er wolle lieber des Antonio Fleisch als den zwanzigfachen Betrag. Porzia erkundigt sich nun nach dem Freund und der Höhe der Schuld. Sie erkennt sofort die unvergleichliche Freundestreue Antonios und ist bereit, den doppelten oder sogar mehrfachen Betrag aufzubringen. Unverzüglich soll Bassanio nach Venedig reisen und nichts unversucht lassen, den Freund zu retten. Zuvor soll er sich ihr vor dem Altar vermählen, dann

aber ungesäumt abreisen. Erst dann soll er sie sein Weib nennen, wenn Antonio, dessen letzter Wunsch es ist, den Freund, für den er das Opfer brachte, noch einmal zu sehen, frei ist.

3. Auftritt

Der Schließer, der Antonio bewacht, hat sich auf seine Bitten bereit gefunden, mit ihm auszugehen. Shylock tadelt ihn deswegen. Antonio, der gern mit ihm reden möchte, spürt nun den ganzen Haß Shylocks, der ihn nicht zu Worte kommen läßt. Oft hat Antonio ihn einen Hund genannt, jetzt soll er sich vor seinen Zähnen hüten. Er ist für Shylock nur der Narr, der sein Geld umsonst auslieh und jetzt auf Erbarmen hofft. Antonio gibt es auf, weiter in ihn zu dringen. Er weiß, daß er kein Erbarmen erhoffen darf, daß aber auch der Doge den Lauf des Rechtes nicht aufhalten kann, weil sonst das Vertrauen auf die Rechtsgrundlagen der Republik Venedig, die nur in Zusammenarbeit mit vielen anderen Völkern reich und mächtig ist, erschüttert würde. Gram und Sorge aber zehren schon so an seinem Körper, daß er bald kein Pfund Fleisch mehr haben wird.

4. Auftritt

Lorenzo spricht Porzia seine hohe Achtung aus, weil sie so uneigennützig Opfer für Antonio bringt. Vor allem nimmt sie die Trennung von ihrem jungen Gatten auf sich. Er beteuert, daß Antonio jedes Opfers wert sei. Porzia antwortet, daß sie noch nie bereut hat, etwas Gutes getan zu haben. Jetzt ist sie überzeugt, daß Antonio, der so eng und treu mit ihrem Gatten befreundet ist, ihm auch ähnlich sein muß. Die Zeit der Trennung aber will sie mit Nerissa in einem nahegelegenen Kloster verbringen, um dort „in Beschauung und Gebet" zu leben. Für diese Zeit überträgt sie Lorenzo die Verwaltung ihres Hauses und Besitzes. Den Diener Balthasar schickt sie mit Briefen an ihren Vetter, den Doktor Bellario, einen berühmten Juristen in Padua. Die Papiere und Kleider, die er ihm gibt, soll er in höchster Eile an „die gemeine Fähre, die nach Venedig schifft", bringen. Dann vertraut sie Nerissa launig ihren Plan an. Sie werden in Männerkleidern nach Venedig reisen und bei der Gerichtsverhandlung zugegen sein. Sie hofft, daß ihre Männer, wenn sie sich nur genügend entstellen, sie nicht erkennen, und daß sie ihnen in der Verkleidung einige Streiche spielen können. Die Einzelheiten des Planes soll Nerissa im Wagen erfahren.

5. Auftritt

Er spielt im Garten von Belmont. Lanzelot und Jessica kommen im scherzhaften Gespräch. Der lustige Diener will Jessica begreiflich machen, daß sie als eines Juden Tochter nicht selig werden kann. Jessica rettet sich schließlich gegen seine Spitzfindigkeit in ein Paulus-Wort, nach dem das Weib durch den Mann selig wird. Vom Christenmachen aber hält Lanzelot nicht viel, dadurch werden nach seiner Meinung nur die Preise für Schweinefleisch erhöht. Lorenzo kommt hinzu und versucht, den Diener im Silberstechen zu übertreffen. Er foppt Lanzelot mit seinem offenbar allzu guten und erfolgreichen Verhältnis zu seiner Mohrin, die Dienerin im Hause Shylocks war. Dann befiehlt er, den Tisch zu decken. Unter steten Wortverdrehungen nimmt Lanzelot den Auftrag entgegen. Lorenzo philosophiert ihm nach über die Narren, die sich mit spitzen Worten den Schein geistiger Bedeutsamkeit geben. Nach ihrer Meinung über Porzia befragt, äußert Jessica ihr höchstes Lob, es gibt keine zweite, die ihr an Wert gleichkommt. Scherzend erklärt Lorenzo, sie habe an ihm einen solchen Mann. Seine Frau geht darauf ein und ist bereit, ihn gebührend zu bewundern.

Vierter Akt

1. Auftritt

Die Gerichtsszene. Mit dem Dogen und den Senatoren sind Antonio, Bassanio, Salarino und Salerio versammelt. Der Doge bedauert, daß es ihm nicht gelungen ist, Antonios felsenharten Prozeßgegner zum Mitleid zu bewegen. Antonio erwidert, das sei ihm bekannt. Er schuldet dem Dogen, der sich so tatkräftig für ihn verwendet hat, allen Dank. Da aber sein Gegner sich in seinem Haß verstockt zeigt, hat er sich in Geduld gefaßt und stellt sich „auszusteh'n die ärgste Grausamkeit von seinem Grimm“

mit „Ruhe des Gemütes". Der Doge läßt Shylock hereinrufen und redet ihm noch einmal gut zu. Die Welt denkt wie er selbst, daß Shylock seine Bosheit nur bis zum Augenblick der Ausführung treiben und dann umso mehr Milde zeigen wird. Er hofft, daß Shylock dann nicht nur auf des armen Kaufmannes Fleisch verzichten, sondern ihm mit Rücksicht auf die schweren Verluste, die er erlitten hat, noch einen Teil des Kapitals nachläßt. Eindringlich erinnert er ihn noch einmal an alle Not, die in jüngster Zeit auf Antonio einstürmte und die kein hartes Herz ungerührt lassen kann. Aber Shylock erklärt, daß er nicht von seinem früher dargelegten Standpunkt weiche. „Bei unserem heiligen Sabbath" hat er geschworen zu fordern, was ihm nach seinem Schein zusteht. Wenn Doge und Senat es ihm weigern, so stellen sie damit die Freiheit und Gerechtsame der Stadt in Frage. Der Grund dafür, daß er lieber sein ihn immerhin 3000 Dukaten kostendes, also nachteiliges Recht fordert, als nachzugeben, ist „eingewohnter Haß und Widerwillen", die er gegenüber Antonio empfindet. Er ist ihm widerwärtig wie „eine Ratt' im Hause", die er für sein Geld vergiften und vernichten kann, wenn es ihm ansteht. Entrüstet hält ihm Bassanio entgegen, daß Haß kein Grund ist, den verhaßten Menschen umzubringen. Antonio wendet ein, daß er überzeugt ist, daß Worte niemals sein „jüdisches Herz" erweichen werden, ebenso wenig wie sie die Flut zwingen können, sich auf ihrer Höhe zu senken, oder wie sie den Wolf zu Milde und Schonung gegenüber dem Lamm, das er blöken hört, zu veranlassen vermöchten. Shylocks Haß ist ihm eine Naturgewalt. Darum bittet er das Gericht, seinen Spruch zu verkünden und „dem Juden seinen Willen" zu lassen. Bassanio bietet für die 3000 verfallenen Dukaten 6000, noch einmal mahnt der Doge zur Gnade. Aber Shylock bleibt unerbittlich. So wie die Christen mit ihren Sklaven und Haustieren schalten und walten, wie sie wollen, so will er es mit dem teuer erkauften Pfund Fleisch halten. Er erwartet den Spruch des Gerichtes, und wenn er ihm sein Recht versagt, so hat Venedigs Gesetz keine Kraft mehr. Darauf erklärt der Doge, er sei befugt, die Verhandlung auszusetzen und zu vertagen, wenn nicht Bellario, ein gelehrter Doktor aus Padua, zu dem er „um Entscheidung ausgeschickt" hat, erscheine. In dem Augenblick wird ein Bote aus Padua gemeldet. Eine kurze Unterbrechung der Verhandlung tritt ein. Shylock hat begonnen, das Messer an der Stiefelsohle zu wetzen. Bassanio ist fest entschlossen, sein Leben zu wagen, ehe Shylock dem Freunde auch nur einen Trop-

fen Blut nimmt. Antonio hat sich in sein Unglück gefunden, er ist bereit zu sterben. Der aus gröberem Holz geschnitzte Graziano aber flucht dem „fühllosen Juden", dessen Begehren er „wölfisch, blutig, räuberisch und hungrig" nennt. Aber Shylock hat für die ohnmächtige Wut des jungen Mannes nur Hohn.
Unterdessen ist Nerissa, als Schreiber eines Advokaten gekleidet, aufgetreten und hat einen Brief des Doktor Bellario überbracht. Das Gespräch zwischen Shylock und den Freunden Antonios gibt dem Dogen Muße, den Brief zu lesen. Durch einen Schreiber läßt er den Inhalt dann dem Gericht verlesen. Bellario teilt mit, daß er krank ist und nicht erscheinen kann. Er empfiehlt aber einen jungen Doktor Balthasar aus Rom, dessen hohe Gelehrsamkeit er rühmt, als seinen Vertreter. Der junge Doktor weilte zufällig bei ihm zu Besuch, als der Bote aus Venedig kam. Bellario hat ihn mit „dem streitigen Handel" bekanntgemacht und alle einschlägigen Gesetze mit ihm besprochen. Porzia tritt nun, als Rechtsgelehrter verkleidet, auf und übernimmt sofort die Leitung der Verhandlung, da sie über alle Einzelheiten des Rechtsstreites bereits unterrichtet ist. Sie bemerkt zuerst, daß der Rechtshandel wunderlicher Art, doch so, daß Venedigs Gesetz ihn nicht anfechten könne, sei, wenn Antonio den Schein anerkennt. Antonio erklärt den Schein für rechtmäßig. Porzia antwortet: „So muß der Jude Gnad' ergehen lassen." Shylock wendet ein, daß keine Macht ihn dazu zwingen könne. Porzia führt dagegen aus, daß Gnade nie von Zwang wisse, daß sie „wie des Himmels milder Regen" zur Erde träufelt. Sie segnet doppelt, den, der sie gibt, und den, der sie nimmt. Am mächtigsten aber zeigt sie sich im Mächtigen. Sie muß die Seele allen Rechts sein, sie steht über des fürstlichen Szepters Macht, und irdische Macht kommt der göttlichen, bei der die Gnade Attribut ist, am nächsten, „wenn Gnade bei dem Rechte steht". Porzia gibt zu bedenken, daß nach dem Lauf des Rechtes kein Mensch zum Heile käme. Alle beten um Gnade, dieses Gebet aber kann nur dann Wirkung erhoffen, wenn es auch der Gnade Taten lehrt. Wenn allerdings Shylock auf seiner Forderung beharrt, so muß Venedigs Gericht dem Kaufmann zum Nachteil ein Urteil fällen. Unerbittlich entgegnet Shylock: „Meine Taten auf meinen Kopf! Ich fordre das Gesetz."
Ruhig setzt Porzia die Verhandlung fort. Sie fragt, ob Antonio unfähig sei, die Schuldsumme zurückzubezahlen. Leidenschaftlich erbietet sich Bassanio, die doppelte, ja, wenn es nötig ist, die zehnfache Summe zu bezahlen. Die Verhandlung habe erwiesen, daß die

Redlichkeit von der Bosheit unterdrückt wird. Er bittet den Richter, einmal um der Menschlichkeit willen das Gesetz zu beugen, „kleines Unrecht um ein großes Recht" zu tun und dem „argen Teufel" sein mörderisches Wirken zu wehren. Das erklärt Porzia für unmöglich. Kein Ansehen in Venedig könne ein gültiges Gesetz ändern. Das würde dann als „Vorgang" angeführt werden, und „mancher Irrtum nach demselben Beispiel" griffe um sich. Shylock preist den jungen Richter als einen neuen Daniel. Porzia verlangt, den Schein zu sehen. Sie mahnt Shylock zweimal, den dreifachen Betrag zu nehmen und den Schein zu zerreißen. Aber Shylock beruft sich auf seinen Eid, und er weist weiteres Zureden schroff ab:

„Bei meiner Seele schwör' ich,
Daß keines Menschen Zunge über mich
Gewalt hat: ich stehe hier auf meinem Schein."

„Von ganzem Herzen" bittet nun auch Antonio das Gericht, seinen Spruch zu tun. Da fordert Porzia ihn auf, die Brust für Shylocks Messer bereit zu machen. Shylock triumphiert. Porzia verlangt weiter, daß eine Waage gebracht wird, und fragt, ob ein Feldscher zur Stelle sei, um Antonio zu verbinden und vor dem Verbluten zu bewahren. Shylock erwidert trotzig, das sei nicht ausgemacht. Antonio aber ist bereit zu sterben. Der Tod wird ihn der traurigen Notwendigkeit entheben, einem Alter in Armut entgegenzusehen. Er ist gleichzeitig tief befriedigt darüber, daß er dem Freunde dieses Opfer bringen kann. Bassanio möchte lieber sein eigenes Leben hergeben, der Freund steht ihm höher als das Leben selbst, als sein Weib und alle Welt. Porzia meint darauf, sein Weib werde ihm für ein solches Anerbieten wenig Dank wissen. Graziano aber möchte lieber, sein Weib, das er über alles liebt, im Himmel wissen, wenn es dort Gnade für den unglücklichen Freund erflehen könne. Trocken erklärt der Schreiber Nerissa dazu, es sei gut, daß er diesen Wunsch hinter dem Rücken seiner Frau äußere, sonst könne er sehr wohl des Hauses Frieden stören.

Schon schickt sich Shylock an, das Messer gegen Antonios Brust zu zücken, als der Richter ihn auffordert, noch ein wenig zu warten. Der Schein gibt ihm ein Pfund Fleisch. Es steht aber nichts darin vom Blut. Wenn er also beim Ausschneiden nur einen Tropfen Christenblut vergießt, so fällt nach Venedigs Gesetz seine gesamte Habe dem Staat anheim. Bestürzt fragt Shylock, ob das Gesetz sei. Er muß sich belehren lassen:

„Du sollst die Akte sehen.
Denn weil du dringst auf Recht, so sei gewiß,
Recht soll dir werden, mehr als du begehrst."

Nun wird Shylock kleinmütig, er will erst die dreifache Summe, dann nur noch sein Kapital. Aber ruhig belehrt ihn Porzia, daß er nach dem Spruch des Gerichtes nur das haben kann, was sein Schein fordert; er darf Antonio ein Pfund Fleisch aus dem Leibe schneiden. Aber er muß dabei sorgfältig sein, denn wenn er nur das Zwanzigstel eines Grans zu viel oder zu wenig abschneidet, so verfällt er dem Tode, seine Habe aber dem Staat. Bassanio ist bereit, die Schuldsumme zu bezahlen und ihn gehen zu lassen. Unerbittlich aber erklärt der Richter, daß er nur haben darf, was er nach seinem Schein gefordert hat. Wütend entgegnet Shylock:

„So laß es ihm der Teufel wohl bekommen!"

Er will den Saal verlassen. Aber Porzia eröffnet ihm, daß Venedigs Gesetz noch anderen Anspruch an ihn hat. Wer als Fremdling, und das ist Shylock in Venedig, dem Leben eines Bürgers „durch Umweg oder g'radezu" nachstellt, verliert die Hälfte seiner Habe an den Bedrohten, die andere Hälfte verfällt dem Staat. Sein Leben aber hängt von der Gnade des Dogen ab. Noch ehe er darum bitten kann, schenkt ihm der Doge das Leben, er will ihm zeigen, daß Venedigs Richter von einem anderen Geist gelenkt werden als er. Die Hälfte seines Gutes aber fällt Antonio zu, die andere Hälfte dem Staat, der diesen Verfall in eine Geldstrafe umwandeln kann. Graziano ist mit diesem Urteil nicht zufrieden, er möchte Shylock auf Staatskosten gehängt sehen. Porzia aber erklärt, daß die Umwandlung des Verfalls des Vermögens nur für die dem Staat zufallende, nicht für Antonios Hälfte gelte. Antonio bittet, Shylock die dem Staat verfallene Hälfte zu belassen unter der Bedingung, daß er sich zum Christentum bekennt und das Vermögen nach seinem Tode dem Schwiegersohn und Jessica hinterläßt. Er selbst will von der ihm zufallenden Hälfte nur den Nießbrauch, nach seinem Tode soll auch sie an Lorenzo und Jessica fallen. Der Doge erhebt Antonios Vorschlag zum Urteil. Wenn Shylock die Annahme verweigert, so hebt er seine Begnadigung auf. Shylock erklärt sich damit einverstanden und bittet weggehen zu dürfen, da ihm nicht wohl sei.

Der Doge hebt die Sitzung auf und bittet den jungen Doktor zur Mahlzeit. Dieser entschuldigt sich, er müsse unverzüglich nach Padua zurückkehren. So entfernt sich der Doge mit den Senatoren, nachdem er Antonio aufgefordert hat, sich dem Mann dankbar zu erweisen. Bassanio bietet dem Doktor die 3000 Dukaten an, die Antonio Shylock schuldete. Aber Porzia erklärt, sie sei zufrieden mit der Befreiung seines Freundes und verlange keinen weiteren Lohn. Bassanio dringt nun in den vermeintlichen Doktor, wenigstens eine Erinnerungsgabe zu nehmen. Da fordert Porzia von ihm den Ring. Bassanio fühlt sich außerstande, sich von ihm zu trennen. Er bittet den Doktor, sich anders zu entscheiden, weil dieser Ring ihm von seiner Frau als Zeichen der Treue gegeben wurde. Porzia entfernt sich mit der spöttischen Bemerkung, daß man mit solchen Worten wohl seine Gabe sparen könne, und geht ab. Nun drängt Antonio, den Wunsch zu erfüllen und dem Doktor den Ring nachzuschicken. Bassanios Frau werde Verständnis dafür haben, daß er für seine Rettung dieses Opfer bringe. Bassanio läßt sich überzeugen. Graziano wird dem Doktor nachgeschickt. Am nächsten Morgen aber wollen alle auf dem kürzesten Wege nach Belmont reisen.

2. Auftritt

Er spielt auf der Straße. Porzia schickt Nerissa mit der Akte, die Shylock noch unterzeichnen muß, zu seinem Hause. Da kommt Graziano, um den Ring zu überbringen und den Doktor zum Essen zu Bassanio einzuladen. Der Ring wird mit Dank angenommen, die Einladung aber wie die des Dogen ausgeschlagen. Nerissa ist entschlossen, ihrem Mann auch ihren Ring zu entlocken. Porzia bittet Graziano, seinem Schreiber den Weg zu Shylocks Haus zu zeigen, Nerissa ist sicher, daß sie dabei Gelegenheit findet, ihren Plan auszuführen.

Fünfter Akt

Die herrliche, mondbeglänzte Sommernacht hat Lorenzo und Jessica in den Garten hinausgelockt. In zärtlich ausgestalteten mythologischen Beispielen weisen sie die besondere Eignung einer solchen Nacht für die Liebe nach, um dann auf das Wunder ihrer eigenen Liebe zu kommen. Unliebsam unterbricht Stephano ihre Liebesbetrachtungen. Er meldet Porzia und Nerissa an, die noch vor Tagesanbruch eintreffen werden. Nur von einem heiligen Klausner begleitet streifen sie umher, um an den Wegkreuzen für ihre Männer zu beten. Lorenzo will mit Jessica ins Haus gehen,

um „einen feierlichen Willkomm" vorzubereiten. Da erscheint Lanzelot, der in seiner launig verdrehten Weise die bevorstehende Ankunft Bassanios ankündigt. Lorenzo schickt nach Musikanten, die der Herrin Ohr mit zartem Spiel erfreuen sollen. Aus übervollem Herzen bewundert er erneut die Herrlichkeit der Sternennacht, in der er die vollendete Harmonie der Welt zu erleben glaubt. Irdischer Ausdruck dieser Harmonie aber ist die Musik, die in ihrer Vollendung Gewalt über Natur und Herzen hat. Er warnt vor dem Mann, „der nicht Musik hat in ihm (sich) selbst", den die Gewalt der Töne nicht rührt. Er kann auch innerlich nicht ausgeglichen, nicht gut sein.
Porzia und Nerissa nähern sich. Auch sie empfinden in dieser schönen und sternenklaren Sommernacht den Einklang von All und Musik. Das Licht des Tages läßt dieses Erlebnis nicht zu, es zerstreut die angespannte Aufmerksamkeit. So wird alles erst durch die Umstände gut oder schön. Kaum hat Lorenzo Porzia begrüßt, da fordert sie von ihm, so zu tun, als sei sie nie von Hause fortgewesen. Lorenzo sagt es gern zu. Trompeten verkünden in der Ferne Bassanios Ankunft, der mit Antonio und Graziano kommt. Herzlich werden er und Antonio, dem ihr Gemahl „so grenzenlos verpflichtet" ist, von Porzia begrüßt. Schon aber wird ein Streit zwischen Nerissa und Graziano, in dem Nerissa das Wort führt, unüberhörbar. Sie stellt sich, als habe sie entdeckt, daß er ihren Ring nicht mehr hat und wirft ihm vor, er habe ihn einem Weibe gegeben. Über seine Erklärungen, er habe den Ring aus tiefster Dankbarkeit dem Schreiber des Rechtsgelehrten gegeben, geht sie mit Spott hinweg: dieser Schreiber werde niemals Haare am Kinn tragen. Auch Porzia mischt sich ein. Sie wirft ihm vor, er habe das Kleinod besser hüten müssen, das ihn mit Schwüren der Treue an seine Frau band. Sie stellt sich überzeugt, daß Bassanio, ihr Gemahl niemals so leichtfertig mit ihrem Ring umgehen werde:

„Geschah' es mir, es machte mich verrückt."

Bassanio ist in tödlicher Verlegenheit, als Graziano sich verteidigt, auch er habe seinen Ring weggegeben, nämlich an den Doktor selbst. Die Frauen lassen keine Entschuldigung und keine Liebesbeteuerung gelten. Sie bleiben dabei, daß es leicht sein müßte, einen solchen Ring zu behalten, daß niemand verständnislos für die Gründe sein könnte, mit denen sie ihn verteidigten. Sie bestehen auf ihrer Meinung, daß ein Weib den Ring hat. Als Bassanio hoch und heilig versichert, daß er den Ring einem würdigen Mann gab, daß Dankbarkeit und Scham ihn drängten, ihm den Wunsch nicht zu versagen, wird die Sache scheinbar noch schlimmer. Porzia erklärt, daß sie dem Doktor, wenn er ihren Ring, mit dem sie sich selbst zu eigen gab, besitzt, in Zukunft auch gehören will. Nerissa will es ebenso mit dem Schreiber, den Graziano gar nicht genug heruntersetzen kann, halten. Endlich greift Antonio ein, um zu vermitteln. Er bezeichnet sich selbst als den „Unglücksgrund von diesem Zwist". So wie er seinen Leib für den Freund verpfändete, so ist er jetzt bereit, seine Seele zum Pfande dafür zu setzen, daß Bassanio niemals die Treue brach. Da gibt Porzia ihm den Ring: er soll ihn Bassanio geben und ihn warnen, ihn in Zukunft besser zu hüten. Erstaunt erkennt Bassanio seinen eigenen Ring. Scherzend erklärt Porzia, daß der Doktor sie dafür gewonnen habe, Nerissa behauptet dasselbe vom Schreiber. Ein Brief Bellarios klärt nun endlich auf, daß Porzia der Doktor und Nerissa der Schreiber war. Auch für Antonio hat Porzia gute Nachrichten. Sie hat Briefe aus Venedig, die melden, daß drei seiner Galeonen reich beladen heimgekehrt sind. Nerissa aber übergibt Lorenzo und Jessica die Schenkungsurkunde Shylocks, die sie mit höchster Freude entgegennehmen. So klingt das Stück in lauter Glück mit heiteren Scherzen der Liebenden aus.

ZUR CHARAKTERISTIK DER HAUPTGESTALTEN

Antonio, der königliche Kaufmann, trägt diesen ehrenvollen Beinamen mit Recht. Für die großen Kaufherren des Mittelalters wurde diese Bezeichnung geprägt. Sie besagt, daß sie den Handel in wahrhaft königlicher Gesinnung als Wahrer, Förderer und Mehrer des allgemeinen Wohles betreiben. Daß damit auch der eigene Vorteil verbunden ist, bleibt selbstverständlich, aber dieser Vorteil muß ehrlich durch Leistung erworben werden. Antonio aber ist noch mehr. Er beteiligt sich in kühnem Unternehmungsgeist an weltweiten Handelsplänen. Er ist königlicher Kaufmann, der seinem Handelspartner stets volle Gerechtigkeit widerfahren läßt, aber auch Abenteurer, der das große Wagnis nicht scheut, der alles aufs Spiel setzt wie der Ritter sein Leben, nicht allein um Gewinn zu erzielen, sondern auch um die noch enge Welt größer und weiter zu machen. Diesen Typ gab es im alten Venedig nicht, es ist der britische merchant-adventurer der Shakespeare-Zeit. Seine Schiffe tauchen im Ärmelkanal auf, dort hatten sie nach damals gültigem Völkerrecht keineswegs etwas zu suchen. Auch wenn wir Shakespeares dichterische Freiheit berücksichtigen, bleibt doch sicher, daß er Antonio als den Mann des großen Wagnisses aufgefaßt wissen will. Die Freunde beteuern ihm ausdrücklich genug, daß sie konstitutionell nicht robust genug sind, solche Wagnisse zu tragen. Für Shylock aber, den Mann der Sicherheit bei Handelsgeschäften, ist Antonio, auch wenn er sein Vermögen in mehreren Unternehmen angelegt hat, doch kein zuverlässiger Bürge mehr.
Antonio ist der Renaissance-Mensch mit dem Zug ins Große, dem Mut zum Vorstoß ins Unbekannte, der dennoch fest in der überlieferten Tradition seines Lebenskreises wurzelt. Der im Handel ehrbar erworbene Reichtum ermöglicht ihm, einen großen Freundeskreis zu halten, der unbedenklich an seinem Vermögen teilhat. Er leiht den Freunden ohne genügende Sicherheit Geld, auch große Summen, die Freundschaft ist ihm Bürgschaft genug. Das muß ihn in einen unversöhnlichen Gegensatz zu Shylock und allen gewerbsmäßigen Geldverleihern bringen. Die neu aufkommende Welt eines rein merkantilen Denkens, eines rücksichtslosen Kolonialismus, der grausamen Ausbeutung des weniger Erfahrenen steht gegen den sich Gott und der Welt verantwortlich wissenden „königlichen“ Kaufmann. Antonio haßt und verabscheut die Repräsentanten dieses neuen Denkens und mit ihnen auch Shylock.

Daß ein edler Mann den Juden, wo er ihm auch begegnet, beschimpft, ihn einen „Hund“ nennt, ihm sogar auf den Bart spuckt, was eine damals nicht ungewöhnliche Geste der Verachtung war, ist zunächst für uns befremdlich, für Shakespeares Zeitgenossen aber war es das keineswegs. Man darf es auch zunächst keineswegs als Judenfeindlichkeit auslegen. Antonio verachtet Shylock nicht, weil er Jude ist. Der Jüdin Jessica begegnen alle mit der gebührenden Achtung, auch daß sie dem Vater beträchtliche Vermögenswerte geraubt hat, rechnet ihr niemand an. Sie wird freundlich und durchaus gleichberechtigt in den Freundeskreis der Christen aufgenommen.
Mit dem Bart Shylocks trifft also Antonio nicht den Juden, den Ungläubigen, er zielt nach einem ihm unköniglich und deshalb verächtlich erscheinenden Geschäftsprinzip. Es tritt hier in Gestalt eines Juden auf, braucht aber keineswegs jüdisch zu sein, ja, ist es sicher nicht, denn Wucher und Profitgier können bei allen Völkern auftreten. Antonio ist streng genommen auch nicht mehr der königliche Kaufmann, denn diesen zeichneten die Zuverlässigkeit und Gleichmäßigkeit seiner Unternehmungen aus. Antonios Geschäft aber ist das Wagnis, das Abenteuer, das gewiß große Gewinne abwerfen kann, aber auch ein größeres Risiko in sich trägt, beim merchant-adventurer, der Shakespeare vorschwebte, auch das Risiko des Seeraubes. Ein Venezianer, der damals seine Schiffe bis an Englands Küsten zu schicken wagte, war ein Abenteurer. Und genau so selbstsicher, wie er sein Gut dem Meere anvertraut, geht er auch den verhängnisvollen Vertrag mit Shylock ein. Sein Vertrauen in sein Vermögen ist unbegrenzt, er gibt sich in des Wucherers Hände, verlangt von ihm ausdrücklich, er solle ihn wegen des Leihgeschäftes durchaus nicht als Freund und möglichen Geschäftspartner, sondern weiterhin als Feind betrachten, und selbst, als er unterlegen und ganz in seines Feindes Hand ist, macht er nicht den geringsten Versuch, seinen Haß gegen Shylock zu verbergen. Er kennt keine innere Wandlung und bedarf ihrer auch nicht. Keineswegs darf sein Eintreten für den unterlegenen, vielleicht auch nur geprellten, jedenfalls ruinierten Shylock als ein Zeichen seiner inneren Wandlung, einer höheren Erkenntnis menschlicher Pflichten interpretiert werden. Antonios Haß galt nie dem Menschen Shylock, sondern dem Wucherer, dem Mann, der Geschäfte machte, die ihm verwerflich und verächtlich erschienen. In dem Augenblick, da Shylock nicht mehr derartige Geschäfte machen kann, da er als armer

Mensch vor ihm steht, kann ein Mann von Antonios Gesinnung auch seine gegen ihn geübte und wohl auch sonst gewohnte Bosheit vergessen. Die Forderung, daß Shylock sich zum Christentum bekennen soll, ist für jene Zeit auch keineswegs ungewöhnlich.

Ein wichtiger Charakterzug Antonios, der für sein Verständnis unbedingt entscheidend bleibt, ist seine Melancholie. Das bedeutet, daß er zwar durchaus die Initiative zu großen Unternehmungen, zum Wagnis hat, aber alles nicht übermäßig ernst nimmt. Sein Leben steht ihm nicht so hoch, daß er es nicht jederzeit aufgeben möchte, besonders dann, wenn der Erfolg ausbleibt. Seinen Freunden ist seine Traurigkeit zunächst völlig unerklärlich, und sie enden schließlich bei der alles erklärenden Feststellung, daß er traurig ist, weil er nicht fröhlich ist. Aber sie nehmen seinen Zustand ganz ernst und machen sich gern zu ihm auf, um ihn über die Melancholie hinwegzubringen. Die Angst vor einem Alter in Armut macht Antonio den Tod unter Shylocks Messer erträglich. Frauen scheinen für ihn überhaupt nicht zu existieren, die Vermutung, er sei verliebt, weist er mit: „Pfui! Pfui!“ ab. Dafür steht ihm die Freundschaft umso höher und für sie ist ihm kein Opfer zu schwer. Er sucht sie vor allem um der Geselligkeit willen, zeigt aber schon am Anfang, daß er sicher ist, daß die Freunde nur pflichtschuldigst bei ihm ausharren. Aus Freundschaft läßt er sich auch in das unsichere Geschäft mit Shylock treiben. Seine Freundschaft ist nicht uneigennützig, sondern melancholisch. Antonio gibt gern, hält aber weder von Menschen noch von irdischen Schätzen so viel, daß er die Rückerstattung oder Dank erwartet. Er verschwendet seine Güte, wie seine Freunde sein Geld.

Nach Lüthi begründet sich Antonios Melancholie, die seinen Freunden ungewohnt erscheint, in „der Ahnung, daß die menschliche Welt, die doch für ihn und seine Freunde solch schönen Glanz hat, nicht im Stande der Gnade lebt; daß sie die Harmonie der Musik, die an ihren Festen ertönt, nicht besitzt oder doch nur sehr bedingt an ihr teilhat“ (S. 219). Aber der Melancholiker bedarf einer solchen Begründung nicht, für ihn ist die Welt im Grunde nicht mehr wert als ihr eigener Untergang. Der Gram, der Antonio zunächst wie aus dem Nichts anweht, ist vielleicht auch eine Vorahnung kommender Verhängnisse. Er ist aber ebenso auch ein realistisch gestalteter psychiatrischer Fall, denn wenn Shakespeare von Melancholie spricht, meint er nicht irgendeine Traurigkeit, sondern Depressionen, bei denen Perioden übersprudelnder Heiterkeit mit solchen grundloser Trauer abwech-

seln. In dieser zweiten Periode der Krankheit aber befindet sich Antonio, als das Stück beginnt. Er ist grundlos traurig, und er und seine Freunde suchen vergeblich nach einer Ursache. Er ist aber nicht nur traurig, sondern auch gleichgültig gegen sich selbst, gegen seine Geschäfte, gegen sein Geschick, das Leben gilt ihm nichts mehr. Deshalb ist er wie vorherbestimmt für die leidende Rolle, die er im ganzen Stück spielt. Was er vorher verachtet, verachtet er nun doppelt, denn er trägt in sich den Willen zum Tode. So ist es keineswegs der königliche Kaufmann, der über den Schacherjuden triumphiert, ein Mensch, der sich selbst längst aufgegeben hat, wird dem Leben zurückgewonnen. Am Ende bleibt der durch Porzias Klugheit gerettete und immer noch gerühmte treue Freund eine Randfigur. Er kann noch einmal den Vermittler in dem scherzhaften Streit um den Ring spielen. Dabei wird aber deutlich, daß er nichts dazugelernt hat. Eben hat ihn Porzia als Richter aus schwerer Verpfändung gelöst, da ist er sogleich wieder bereit zum neuen Risiko. Er verpfändet nun gleich seine Seele für Bassanios Treue. Mehr hat er im Augenblick auch nicht zu verpfänden. Auf Porzias Nachricht von seinem neuen Glücksstand, von der Heimkehr seiner verloren geglaubten Schiffe, bleibt ihm nur die glückliche oder resignierte Antwort: „Ich verstumme." Mehr kann er hier, in der ihm fremden Welt des Glückes, die sein Geld zum mindesten vorläufig nicht braucht, nicht tun.
Bassanio hat durch einen allzu üppigen Lebenswandel nicht nur seine Vermögensverhältnisse zerrüttet, er ist auch bei seinem Freunde Antonio tief verschuldet. Das nahm man aber zu Shakespeares Zeit nicht so tragisch wie heute im Zeitalter der „Safety first". Es gab manche Möglichkeit, seine Verhältnisse wieder zu ordnen. Für einen gesellschaftlich gewandten und gutaussehenden Edelmann war der einfachste Weg die Heirat mit einer reichen Erbin. Diesen Weg wählt Bassanio, als er sich entschließt, um Porzia zu freien. Er weiß noch nicht, daß er auf sie, als er einmal mit einer Gesandtschaft in Belmont weilte, durch den Adel seines Auftretens einen unvergeßlich tiefen Eindruck machte. Aber auch er wird von dem Zauber, der von Porzia ausgeht, gefangen. Seine Liebe ist tief und echt, sie reift ihn zum ernsthaften Mann. So behält Nerissa recht, die meint, des Vaters Testament sei so schlecht nicht, die wahre Liebe werde unter den drei Kästchen auch das richtige wählen. Bassanio läßt sich nicht vom äußeren Schein blenden, er wählt nach dem Spruch, der seinem eigensten Herzenswunsch entspricht: „Wer mich erwählt, der gibt und wagt sein Alles", das bleierne Kästchen. Er gewinnt damit Porzia, deren Liebe er schon besaß. Die Liebe hebt und veredelt sein ganzes

Wesen, war er vorher äußerlich ein vollendeter Edelmann, so wird er es jetzt auch innerlich, er wird der „Mann, der Musik hat in ihm selbst", der in seiner ganzen Persönlichkeit ausgeglichen, harmonisch ist. Er beweist aber auch durch sein ganzes Verhalten, daß die Treue zum Freund sich sehr wohl mit der Liebe vereinigen läßt, daß der eine Wert den anderen nicht ausschließt, sondern daß beide, Freundschaft und Liebe, gleichberechtigt nebeneinander stehen können. Wenn Bassanio im Gerichtssaal äußert, daß er notfalls Antonios Opfer unter Einsatz des eigenen Lebens verhindern wird, streift er einen Augenblick die tragische Möglichkeit. Aber Porzias kluges Eingreifen enthebt ihn der tragischen Wandlung, sie hält ihn jenseits der messerscharfen Grenze zwischen tragischem Ernst und spielerischer Heiterkeit. Aber der Adel der Gesinnung, der aus dieser Treue spricht, macht Bassanio Porzias würdig, wenn sie ihm auch geistig überlegen bleibt und es ihm in dem Spiel um den Ring begreiflich macht.

Porzia. So märchenhaft das Spiel um Porzia beginnt, sie erhebt sich daraus zu einer der schönsten und anmutigsten Frauengestalten Shakespeares. Ihrem freiheitlichen Geist widerstrebt es, durch des Vaters Testament dem Zufall ausgeliefert zu sein und nicht den Gatten frei wählen zu dürfen. Aber in kindlichem Gehorsam fügt sie sich des Vaters Gebot und tröstet sich bei Nerissas Meinung, daß die wahre Liebe auch die rechte Wahl treffen werde. Bezeichnend ist dennoch, daß sie am Anfang wegen der Unsicherheit melancholisch ist, aber die Kraft gewinnt, sich darüber zu erheben. Mit gesundem Humor und scharfem Blick für die Umwelt beschreibt sie die sechs Freier verschiedener Nationalität, die zu ihrer Freude abziehen, ohne das Schicksal der Kästchenwahl herauszufordern. Obwohl sie die Schwäche der zwei weiteren Freier, der Prinzen von Marokko und Arragon, mit ihrer prahlerischen Berufung auf ihr eigenes Heldentum, ihren angeborenen Adel, ihr Verdienst durchschaut, so sehr sie sich von ihnen abgestoßen fühlt, sie ist selbst in dem Falle, daß einer von ihnen die Wahl besteht, bereit, das Testament zu erfüllen. Allerdings wäre das, was sie aus Höflichkeit nicht offen ausspricht, eine Entscheidung gegen ihr Innerstes. Aber Porzia ist ein Glückskind, sie wird vom Glück gesucht, und sie verschwendet es an andere. Dabei bleibt sie bescheiden, zurückhaltend und doch ihrer selbst sicher. In der entscheidungsvollen Sekunde, da sie sich am Ziel ihrer sehnsüchtigen Wünsche weiß, als Bassanio das richtige Kästchen wählt, kämpft sie ihr überströmendes Glücksgefühl, das aus ihrem Temperament nach Ausdruck drängt, nieder:

„O Liebe, mäß'ge dich in dieser Seligkeit!
Halt ein. Laß Deine Freuden sanfter regnen;
Zu stark fühl' ich, du mußt mich minder segnen,
Damit ich nicht vergeh!"

Aus inniger Liebe setzt sie sich selbst herab, um seinetwillen möchte sie „noch tausendmal so schön, zehntausendmal so reich sein." In aller Anspruchslosigkeit und edler Bescheidenheit vertraut sie sich und ihren ganzen Besitz ihm an, „daß er ihr Gemahl, Führer und ihr König sei".

Aber Porzia ist nicht eine Heilige, die in Ruhe und Ergebung auf ihren Liebsten wartet. Ihre ganze Ergebenheit darf nicht darüber hinwegtäuschen, daß sie die Zügel wohl in der Hand behält. Sie hat nichts von einer stillen Dulderin, sie ist eine echte Renaissance-Natur, erfüllt vom Streben nach Harmonie und Erfüllung des Lebens im Irdischen, aber auch nach Tätigkeit. Es ist nicht ihre Sache, stillzusitzen und abzuwarten, mit welchen Ergebnissen ihr Mann von der Tat, zu der sie selbst ihn drängte, heimkehrt. Durch gute verwandtschaftliche Beziehungen unterstützt, geht sie verkleidet nach Venedig, und was dem Dogen und den gelehrten Richtern nicht gelingt, schafft sie mit Geist, Findigkeit und Humor. Der Schein schreibt nur vom Fleisch, nichts vom Blut. Damit führt sie den ganzen, bedenklich nach Kannibalismus und Unkultur schmeckenden Vertrag ad absurdum. Wer Fleisch kauft, achtet darauf, daß kein Blut darin ist, denn dann ist es unbrauchbar. Das weiß jede Frau, die jemals mit der Küche beschäftigt war. Zu welchem Zwecke aber sollte man sonst Fleisch kaufen? Shylock will nach seinem Schein ein Pfund Fleisch von Antonio. Er will es ausgerechnet aus der Gegend des Herzens haben, in der Schlachtvieh und Menschen nichts anderes als magere Rippchen haben. Nur bei einem Fettwanst könnte dort vielleicht ein Pfund Fleisch zu finden sein, wobei die Juristen noch entscheiden müßten, ob Speck dem Fleisch gleichzusetzen ist. Keineswegs ist selbstverständlich, daß mit Antonios Fleisch auch Blut gekauft ist, jedenfalls steht davon nichts im Schein. Man muß schon Paragraphenreiter sein, um dieser absolut logischen Beweisführung Porzias juristische Einwendungen entgegenzusetzen, und die Leute, die es tun, tragen wahrhaftig nicht zum Ansehen der Justiz bei. Shylock hat erklärt:

„... das Pfund Fleisch, das ich verlange,
Ist teu'r erkauft, ist mein, ich will's haben."

Er wird aber in dem selbstgesponnenen Netz, das er Antonio bereitet hat, gefangen, im Wirrwarr der Gesetze, die samt und sonders von

Menschen geschaffen und deshalb ungenügend sind. Immerhin wird durch Porzia das Gesetz zur Humanisierung zwischenmenschlicher Beziehungen benutzt, auch wenn man voraussetzt, daß Antonio einen derartig zum Verbrechen verleitenden Vertrag nicht hätte unterschreiben dürfen. Man könnte natürlich entgegenhalten, daß Porzia das Gericht täuschte, daß sie als Frau niemals zugelassen worden wäre und nur durch ihre Verkleidung den Zugang fand. Aber sie tritt nur als Vertreter ihres einwandfrei hochgelehrten Vetters auf, und sie fällt vorsichtshalber kein Urteil, sie stellt nur die Rechtslage fest und überläßt das Urteil dem Dogen. Dem Dogen ist allerdings vor so viel Gerechtigkeit nicht ganz wohl, wie aus der vorschnellen, noch keineswegs erbetenen Begnadigung Shylocks hervorgeht. Man sollte den Fall Shylock kcontra Antonio überhaupt nicht vor das Forum der Justiz ziehen. Der vielzitierte Schein wäre bereits damals, mag es vorher tatsächlich ähnliche Verträge gegeben haben oder nicht, für ein venezianisches Gericht der Shakespeare-Zeit undiskutabel gewesen.

Man hätte den Kläger auf Rechtsgepflogenheiten hingewiesen und ihn mit dem ausgeliehenen Kapital abgefertigt und damit der Gerechtigkeit Genüge getan. Das Geld lag, auch wenn der Verfallstag bereits vergangen war, bereit. Shylocks Verhalten ist und war auch damals nichts anderes als Querulantentum. Shylock aber wird darüber hinaus noch weitgehend begnadet. Es besteht für ihn gar kein Grund als gebrochener Mann den Gerichtssaal zu verlassen, denn er wird sogar der höchsten Gnade teilhaftig, wenn auch höchst unfreiwillig, er muß sich taufen lassen und willigt auch ein, wenn ihm dabei auch unwohl wird. Die Auslegung des Taufsakramentes aber ist auch heute noch die gleiche wie damals. Seine Seele wird gerettet, sie hat teil an der Erlösungsgnade. Das erscheint nur uns befremdlich, in Shakespeares Zeit war Antonios Forderung tatsächlich ein hoher Gnadenerweis. Diese Gnade wird nicht gerade billig, aber auch finanziell schneidet Shylock nicht so schlecht ab, wie manchmal dargestellt wird. Er behält immerhin die Hälfte seines Vermögens. Er kommt, wenn auch angeschlagen, noch einmal davon. Auch nach dem Verlust des halben Vermögens kann ihn der Schreiber-Nerissa, der sein Testament hat, noch immer „den reichen Juden“ nennen. Weil aber Porzias Gericht nur kecke und humorvolle Umkehr der Justiz ist, kann sie daraus sogleich in den launigen Ton gegen die großherzige Opferbereitschaft ihres Gatten verfallen, der im entscheidenden Augenblick nicht daran dachte, seine Brust für

Shylocks Messer zu lüften, obwohl er der eigentliche Schuldner war, der nicht einmal ein derartiges Angebot macht. Ganz ungestraft darf er, der Mann der großen Worte, nicht davonkommen. So bereitet sie ihm für das Angebot, aus Freundschaft auch auf seine Frau verzichten zu wollen, die lustige Rache, indem sie ihm ihren Ring, den er bis zum Tode getreulich zu hüten gelobt hatte, entlockt. Sie heizt ihm tüchtig damit ein. Was bitterer Ernst zu werden drohte, wird durch Porzias Klugheit, Lebensweisheit, durch gesundes und reines Denken und Alltagserfahrung, aber auch durch ihre Gewandtheit, sich in die Rolle eines anderen einzuleben, wieder heiteres Spiel, Komödie.

Unterstützt wird Porzia von ihrer treuen und schlagfertigen, temperamentvollen und lustigen Freundin **Nerissa**, die Grazianos Gunst gewann und seine Frau wurde. Sie ist eine entfernte Verwandte der Beatrice in „Viel Lärm um nichts", ein wenig derber und realistischer als Porzia, aber doch auch ihrem Wesen verwandt. Es ist ein bezeichnender humoristischer Zug, daß Graziano, der im Freundeskreis unermüdliche Schwätzer, nun ihr alles wichtige Reden überlassen muß. Sie ist nicht nur wortgewandter, sondern auch klüger als er. Sie nimmt ihn, den Spötter, auch noch derber her als die edle Porzia ihren Bassanio. Sie verlockt ihn, das Schreiberlein tüchtig herabzusetzen. Aber dieser „Knirps", der „Plauderbub" hat das Zeug dazu, das herabsetzende Wort ins liebevolle Kosewort zu verwandeln. Die beiden werden eine lustige Ehe führen.

Shylock. So viele Schauspieler die Rolle des Shylock übernahmen, so viele verschiedenartige Auffassungen gibt es auch. Sie gehen vom arglistigen oder schmierigen Schacherjuden, wie ihn Iffland wollte, bis zum patzigen Grobian, wie ihn Krauß spielte, zum eiskalten Teufel des Carl Seydelmann zur tragischen Figur, zum Dulder und Repräsentanten eines unterdrückten, mißhandelten und getretenen Volkes, wie ihn Bogumil Dawison nach englischen Vorbildern in Deutschland einführte. Ein Rudolf Schildkraut machte einen „dumpfen Ghettopatriarchen" (Stahl, S. 489) aus ihm, Albert Bassermann gab ihm die grotesk märchenhafte, aber dennoch packende und beängstigende Bosheit und Arglist des bösen Wolfes. Der gefährlich, unheimlich, im jähen Wechsel von der Klage über die verlorene Tochter und Dukaten zum Freudenausbruch über Antonios Unglück auch primitiv komisch wirkenden, immer rätselhaften Gestalt, die er schuf, sind viele Schauspieler gefolgt. Aber eine allgemein verbindliche oder auch nur eine

von einer Mehrheit der Forscher oder Regisseure angenommene Auffassung von Shylocks Charakter gibt es bis heute noch nicht. Schon beim Namen beginnt die Unsicherheit. Während die meisten Übersetzer die Form der englischen Texte beibehalten, setzt Schaller die deutsche Form Scheilock ein: „Die Beibehaltung der Schreibweise dieses Namens aus den englischen Texten erscheint mir für die deutsche Übersetzung nicht gerechtfertigt. Shylock ist die anglisierte Form eines hebräischen Namens, den man in deutscher Form wiedergeben kann; ein Sinn-Name, etwa aus shy und lock ist nicht beabsichtigt.“ (S. 429). Sinsheimer spricht die Vermutung aus, daß Shakespeare mit der Wahl ganz entlegener Namen aus Noahs Sippe die puritanische Sitte alttestamentlicher Namensgebung ironisieren wollte. Der Name Schelach aber mußte zur Anglisierung locken, wobei die Verbindung shy = scheu, argwöhnisch, auch: heimtückisch und lock = Schloß, Verschluß, aber auch verschlossener Raum, Diebeshöhle zusammen etwa „mißtrauisches Räuberloch" ergab. Gustav Landauer übersetzte den Namen deshalb als „Scheuloch“. Lock bedeutet aber auch Kunstgriff, Trick. Sinsheimer meint, daß man, wenn man beide Bedeutungen zusammenfaßt, ungefähr die Vorstellung gewinnt, die zu Shakespeares Zeit in England über die Juden herrschte. Er weist darauf hin, daß die Bezeichnung „Jew“ auch für Brabanter und Italiener gebraucht wurde, vor allem, wenn sie als „Trödler, Pfandleiher oder Kleiderhändler“ auftraten, also ein Ausdruck des Mißtrauens gegen alle Ausländer war (S. 127 f.).
Shylock ist zuerst einmal ein ausgemachter Bösewicht. Er wird oft Teufel genannt. Das widerfährt, wenn auch nicht offen ins Gesicht, auch seinem Freunde Tubal, der nicht die geringste Möglichkeit hat, sich als solcher zu erweisen, da er nur in einer kurzen Szene auftritt. Auch Chus, der garnicht auftritt, wird so tituliert. Aber bei Shylock ist die Bezeichnung doch mehr als nur ein Modewort. Selbst seine Tochter Jessica nennt sein Haus eine „Hölle", in der sie leidet und aus der sie Befreiung sucht. Auch wenn der etwas windige Diener Lanzelot ihn einen „eingefleischten “ Teufel heißt und als Beweis dafür seinen Geiz, seine Habgier und Hartherzigkeit, seine rücksichtslose Ausbeutung anderer, sein kränkendes Mißtrauen und seinen Argwohn anführt, so ist das zwar die Stimme des Narren, aber der Narr hat das Vorrecht, besonders offen die Wahrheit zu sagen. Das alles aber erklärt noch nicht Shylocks Haß gegen die Christen. Antonio hat empfindlich seine Geschäfte gestört, ihn um große Beträge geschädigt und

ihm offen seine Verachtung bekundet. Er kann dafür gewiß keine Sympathien vom Juden verlangen. Aber die Habgier in Shylock kann doch nicht so stark sein wie seine grausame Rachsucht, sein Wille, den verhaßten Gegner blutig zu vernichten, wenn er darauf verzichtet, das ausgeliehene Kapital mit 100 oder sogar noch mehr Prozent Gewinn zurückzuerhalten und auf seinem Schein, auf einem für ihn, wenn man ihn nicht auch noch zum Kannibalen machen will, völlig wertlosen Pfund Fleisch besteht. Dieser Mann mag ein Schacherer, ein Wucherer sein, aber er ist vor allem gefährlich in seinem mörderischen Haß, seiner Blutgier, die er hier, da ihm die gesellschaftlichen Verhältnisse jede andere Möglichkeit verweigern, über das Gesetz befriedigen will. Ein christlicher Kavalier hätte bei der ersten Beleidigung Antonios den Degen gegen ihn gezogen, aber der Jude war ihm wehrlos ausgeliefert. Welche stumpfe Waffe aber das Recht in seiner Hand war, mußte Shylock bitter erfahren.

Nur Voreingenommenheit kann in ihm den typischen Juden sehen. Schon ein Blick in die geschichtlichen Bücher des alten Testamentes belehrt darüber, daß Schachergeist, hündische Unterwürfigkeit und heimtückische Rachsucht keineswegs typisch jüdische Eigenschaften sind, daß sie höchstens als Folge der Bedrückung, der gesellschaftlichen Verfemung und steter Lebensbedrohung gelegentlich aufkommen mochten. Sinsheimer gibt eine zwar subjektive, aber sachlich gut fundierte Analyse Shylocks, und er weist nach, daß er, der einzige völlig einsame, isolierte Mensch dieses Stückes, überhaupt nicht als eine realistische Gestalt aufgefaßt werden kann. Das ganze Vorurteil des gegenüber Andersgläubigen unduldsamen Mittelalters, gemischt aus Vorurteil, Fremdenhaß, für wahr genommenen Märchen, Schauergeschichten, Argwohn wegen des Andersseins, auch Neid auf den jüdischen Besitz und die Gier, ihn mit oder ohne den Schein des Rechtes an sich zu reißen, schlägt sich in der Gestalt Shylocks nieder. Er ist ein Mythos, wie Sinsheimer schreibt. Vielleicht würde auch das anspruchslosere Wort Märchen genügen, grausam, barbarisch und urtümlich wie so viele dieser Gattung. Wenn Shylock von Antonio sagt:

„Wie sieht er einem falschen Zöllner gleich!
Ich haß' ihn, weil er von den Christen ist",

so bedarf es eigentlich keiner weiteren Begründung mehr. Sein Haß ist ein allgemeiner und umfassender, er gilt der Art und nicht dem Individuum, er ist wie eine Naturgewalt, die sich nach

ihren eigenen Gesetzen elementar entlädt, vernichtet und tötet. Für ihn ist auch das Geld, der Besitz nur ein Mittel, um Macht zu erwerben. Die Habgier ist bei ihm sogar stärker als der Familiensinn. Er jammert: „Ich wollte, meine Tochter läge zu meinen Füßen tot und hätte die Juwelen in den Ohren! Wollte, sie läge zu meinen Füßen eingesargt, und die Dukaten im Sarge!" Das aber ist so unjüdisch wie nur möglich, denn der Familiensinn ist gerade in jüdischen Familien besonders ausgeprägt. Jessica hat diesen Familiensinn, sie schämt sich, seine Tochter zu sein, sie fühlt sich aber sündig deswegen, sie schämt sich dieses Gefühls, aber sie ist nicht „seines Herzens" Tochter. Daß sie den Vater bei der Flucht gründlich ausraubt, bringt zwar den Justizapparat in Bewegung, aber nicht so sehr, daß Shylock zu seinem Recht käme. Er müßte gewarnt sein, die Justiz für seinen frevelhaften Schein zu bemühen. Aber er ist vom Haß verblendet, der Vernunft ebensowenig zugänglich wie der den Christen vorbehaltenen Tugend der Mäßigung, oder der Milde, des Erbarmens. Die einfache Formel ist: der Jude ist böse von Natur aus, der Christ ist ein guter Mensch.
Shylock kann auf keinen Fall als tragische Figur genommen werden. Man muß genau scheiden: tragisch im dramatischen Sinne ist das große Wollen, das sich gegen Götter- oder Schicksalsgebot oder die Grenzen, die sich die Menschheit selbst setzen muß, um in Ordnung und Frieden miteinander leben zu können, auflehnt Es bedarf keiner persönlichen Schuld, um zur tragischen Figur zu werden. Shylock aber ist ein Mythos, kein lebender Mensch und noch weniger ein typischer Vertreter seines Volkes. Zu leiden, zu dulden, getreten und unterdrückt zu werden, das alles ist sehr traurig für die Betroffenen, aber nicht tragisch. Shylock ist bestenfalls tragikomisch, er will etwas Großes, eine furchtbare Rache, und wird darum geprellt. Die Waffe, die er gegen seinen Feind führen wollte, wird für ihn zum „Knüppel-aus-dem-Sack", der ihm kräftig den Rücken gerbt. Er ist aber auch, wie Eincheimer feststellt, schon im 16. Jahrhundert ein „Gespenst von gestern", noch ganz mittelalterlich gesehen, nicht wirklich, weil Shakespeare gar keine Möglichkeit hatte, Juden kennenzulernen, weil er nur den Mythos vom Juden kannte. Ebenso wenig, wie sein Gegenspieler Antonio etwas typisch Christliches hat, hat Shylock etwas typisch Jüdisches. Als Mythos oder besser noch als böse Märchenfigur aber kann er ebenso wenig tragisch werden wie die Hexe oder die böse Stiefmutter, die für ihre Grausamkeiten sich auf eisernen Rosten zu Tode tanzen muß.

Dennoch geht Shakespeare weiter als seine über Juden dichtenden Zeitgenossen. Ihm genügt der uniforme Typ nicht, er gibt seiner Gestalt menschliche Züge mit, die oft in Widerspruch geraten zu seinem Tun. Er läßt ihn verhärtet sein durch Vereinsamung, gekränkten Stolz, unverdientes Unrecht, Haß und Verachtung, aber er läßt ihn auch human fühlen:

„Wie sollt' ich sprechen denn? Sollt' ich nicht sprechen:
Hat ein Hund Geld? Ist's möglich,
daß ein Spitz tausend Dukaten leih'n kann?
Demütig wispernd, mit verhalt'nem Odem
Mich bücken und in eines Knechtes Ton,
So sprechen: „Schöner Herr, am letzten Mittwoch
Spiet Ihr mich an; Ihr tratet mich den Tag!
Ein andermal hießt Ihr mich einen Hund:
Für die Freundlichkeit will ich Euch
Die und die Gelder leih'n"

Er verlangt das Recht, auch als Jude wie ein Mensch geachtet zu werden: „Hat nicht ein Jude Augen? Hat nicht ein Jude Hände, Gliedmaßen, Werkzeuge, Sinne, Neigungen, Leidenschaften? mit derselben Speise genährt, mit denselben Mitteln geheilt, gewärmt und gekältet von eben dem Sommer und Winter wie ein Christ?" Und er leitet daraus das Recht ab, daß auch der Jude sich rächen darf, wenn er beleidigt wird. Das aber ist Renaissance-Geist und nicht mittelalterlich, und Shylocks Malheur ist, daß er als Mythos des Mittelalters in einer neuen und freiheitlicher denkenden Zeit steht. Solche Wendungen sind aus Shakespeares Geist. Die Christen haben ihm, wie Shylock sagt, das verderbliche Beispiel gegeben, nun will er sie in ihren eigenen Gewohnheiten übertreffen. Er, der verachtete Mensch, macht sich vor dem Dogen kühn zum Sprecher der Entrechteten, der Sklaven, die von ihren Herren den Haustieren gleich geachtet werden. Es fehlt ihm gewiß nicht an Mut, und daß er an die Existenzangst gewohnt ist und schließlich der Gewaltdrohung weicht, ändert nichts an seiner aufrechten Folgerichtigkeit. Das Urteil des Dogen, das ihn zwingt, sich zum christlichen Bekenntnis zu wenden, ist nackte Erpressung. Aber Shylock ist auch kein Streiter für Gerechtigkeit und Humanität, er besiegt seinen Gegner nicht, sondern überlistet ihn. Er darf sich nicht wundern, wenn er mit eigenen Waffen geschlagen wird. Dennoch gibt es im Kampf mit ihm keinen Sieger, sondern nur einen Davongekommenen und den der Majorität der wohl situierten Leute mit guten Beziehungen unterliegenden, den geprellten

Juden. Freilich wird ihm im Sinne der Shakespeare-Zeit die höchste Gnade aus heiterem Himmel zuteil: weil er nicht selbst einsichtig genug ist, das wahre Heil zu erkennen, wird er zwangsweise bekehrt, in den Schoß der heiligen Kirche und damit in die große Gemeinschaft der Christenheit aufgenommen. Fortan wird er kein einsamer Verfemter mehr sein. Daß ihm dabei schlecht wird, vermögen wir zu verstehen. Shakespeares Publikum aber hat sicher diesem barmherzigen Urteil des Dogen zugejubelt.
Jede Zeit hat die Gestalt Shylocks nach ihrem eigenen Geist gedeutet. Das wahre Wesen, die Intention des Dichters, vermag nur noch eine kritisch philologische und kulturgeschichtliche Interpretation zu erfassen. Zum Wesen der dramatischen Kunst aber gehört, daß sie zu allen Zeiten die gleichen menschlichen Anliegen ausspricht. In diesem Stück ist es das große Problem der Gnade, damit ist es aktueller denn je. Flatter meint, man dürfe den Shylock, auch wenn manchmal über ihn gelacht wird, keineswegs als komische Figur spielen, er müsse der gefährliche Wolf bleiben, vor dem das Publikum Angst hat: „Den Shylock mit einem Komiker zu besetzen, ihn komisch spielen zu lassen, hieße die Gefahr für Antonio herabmindern; damit wäre die dramatische Spannung verringert und — nach Abzug des Gewitters — das Jubilieren im letzten Akt. Je realer die Lebensgefahr war, in der Antonio schwebte, desto größer muß nun die Freude des Mannes sein, der gerettet wurde, und der Triumph seiner Freunde, die ihn retteten." Das ist aber nur eine dramaturgische Lösung, es fehlt die Gerechtigkeit für Shylock, der das ins Dämonische übersteigerte Zerrbild des mittelalterlichen Mythos vom Juden bleibt, das nicht realistisch genommen werden kann. Es ist nicht leicht, diesem Widerspruch gerecht zu werden.

DIE „IDEE" DES STÜCKES

I. Zusammenführung von drei Handlungen um zwei Pole
II. Die Hauptmotive
    1. Recht und Gnade
    2. Gnade und Liebe
    3. Musik und Leben
III. Gemeinschaft in Harmonie

Wie der „Sommernachtstraum", so ist auch „Der Kaufmann von Venedig" von drei Themen beherrscht, von drei nebeneinander herlaufenden, aber ineinander verzahnten Handlungen, die durch zwei Gestalten wie Pole zusammengehalten werden, durch Antonio und Porzia, die wechselnd ruhen und verharren, um sich dann als treibende Kraft des Geschehens abzulösen. Die drei Handlungen sind nach Gundolf: „Der Wettlauf der Werber um das schöne Glück, der Kampf zwischen Gnade und Recht, die Entzweiung und Eintracht der Liebenden" (S. 567). Zunächst ist Antonio die treibende Kraft, er drängt Bassanio, um Porzia zu werben. Porzia aber steht ihrem Geschick wehrlos und duldend gegenüber, „auf dem Spiel". Wenn der musikalische Vergleich angebracht ist, und gerade dieses Stück mit seiner hohen Musikalität fordert ihn heraus, so ist sie zunächst ein schönes, edles Motiv, das aber immer wieder von anderen unruhigen, einander widerstreitenden Motiven und Motivabwandlungen verdrängt wird. Seit dem Augenblick aber, da sie von der „Wehrlosigkeit", die ihr des Vaters Testament auferlegte, befreit ist, da ein gütiges Geschick nach ihrem Herzenswunsch entschieden hat, wird sie tätig. Es geschieht in dem Augenblick, da die anderen Motive im steten Ostinato verharren und scheinbar nur noch einem schreckensvoll disharmonischen, abstoßenden Ende zugeführt werden können. Sie befreit Antonio aus der tödlichen Gefahr, sie zeigt den Richtern Venedigs, die vor dem vergilbten Papier ihres Rechtes sitzen wie das Kaninchen vor der Schlange, den Ausweg, der vielleicht für gestrenge Richter nicht gerade Recht, dafür aber etwas unendlich Höherstehendes, nämlich Gerechtigkeit ergibt.
Schon Hermann Ulrici (1806—1884) hat die „Idee" des Stückes in der Formel „Summum ius, summa iniuria" gesucht. „Iniuria" muß hier in seiner ursprünglichen Rechtsbedeutung gefaßt werden, nicht als Rechtsirrtum, sondern als die unterste Stufe des Verbrechens. Das geltende Recht in seiner menschlichen Begrenztheit und notwendig einseitigen Auslegung wird zu seinem eigenen Gegenteil, in Unrecht verkehrt, wenn es auf die Spitze getrieben wird. Es steht nicht nur hilflos vor dem Verbrechen, es wird sein Helfershelfer. Erst die Liebe als Grundlage der Sittlichkeit kann dem Recht volle Gültigkeit verleihen, es aus einem Werkzeuge berufsmäßiger Rechtsfindung nach bestimmten Begriffsschemen zum Mittel der Förderung der Gerechtigkeit, der Humanisierung der zwischenmenschlichen Verhältnisse machen. Deshalb wird Porzias Rede über die Gnade mit Recht allgemein als der Mittel- oder Angel-

punkt des Stückes angesehen. Überhaupt erscheint von hier und vom weiteren Verlauf der Handlung aus die Einstellung der Richter doppelzüngig und erbärmlich feige. Sie können den Kläger nicht zur Gnade zwingen, so lange er auf seinem verbrecherischen Schein besteht. Sie müssen seine Handlanger beim Mord werden. Dann aber zwingen sie dem mit Gründen, die vielleicht so komisch sind, daß sie ihnen vorher nicht einfielen, abgewiesenen Juden die Gnade des Taufsakramentes unter Androhung des Galgens im Weigerungsfalle auf.

Das alles aber spielt sich glücklicher Weise nur in einer Komödie ab, und Porzia hat von ihrem rechtsgelehrten Vetter Bellario genügend Kniffe und Tricks angenommen, um die Hohlheit des ganzen Rechtes beim geringsten Anklopfen zum Klingen zu bringen. Was sie anführt, wird, da es von einer gelehrten Autorität kommt, auch mit Ehrfurcht vom Dogen und den Senatoren aufgenommen. Aber es bleibt eine Beleidigung aller Gerechtigkeit, wenn Juristen aus der Verblendung eines noch heidnisch römische Verhältnisse voraussetzenden römischen Rechtsformalismus von schlechten Argumenten sprechen. Ein Richter, der Gesetz und Gericht zu Werkzeugen von Verbrechen macht, wird schwerlich noch als nützliches Glied der menschlichen Gesellschaft gelten können. Und auch hier zeigt sich wieder die Doppelzüngigkeit. Jeder dieser Richter, die bereit sind, Shylock wegen seines Scheines den Mord an Antonio unter ihren Augen vollziehen zu lassen, wüßte sehr genau, wie er urteilen müßte, wenn er mit einem anderen zu tun hätte, der einen schwerkranken und unerträglich leidenden Menschen aus Mitleid getötet hätte.

Porzias Sieg ist also ein Sieg des gesunden Menschenverstandes, aber auch der Menschenliebe über Sturheit und Dummheit. Der Kläger hält nichts von der Gnade, aber es wird ihm mehr Recht, als ihm lieb ist. Zwei Handlungen greifen so ineinander und schreiten rasch vorwärts. Aus Bangen und Zweifel wird Porzia durch Bassanios Liebe befreit. Porzia aber befreit Antonio durch die allzu buchstäbliche Auslegung des Gesetzes aus der Gewalt des gnadenlosen Wucherers. Die dritte Handlung ist weniger faßbar, sie drängt erst am Ende des Stückes zur Lösung durch die Verwirrung, die das Spiel um die beiden Ringe anrichtet. Aber sie ist immer vorhanden. Es ist die Musik, die Harmonie, die All und Menschen umfaßt. Lorenzo warnt Jessica vor dem Mann, „der nicht Musik hat in ihm selbst“. Er ist unausgeglichen, innerlich nicht harmonisch, Gefühle und Regungen sind falsch gemischt in ihm.

Das ist im höchsten Maße der Fall bei Shylock, der überhaupt außerhalb der Musik steht. Er hört sie nicht von den anderen, er hat nichts von ihr in seiner düsteren Seele, er

„Taugt zu Verrat, zu Ränken und zu Tücken;
Die Regung seines Sinns ist dumpf wie Nacht,
Sein Trachten düster wie der Erebus."

Auch die ersten Freier Porzias, die zur Wahl kommen, Marokko und Arragon, haben nicht „Musik in ihm selbst", sie haben in der Überschätzung ihrer Persönlichkeit, ihres Heldentums, ihrer Schönheit, ihres Adels und Verdienstes nicht das harmonische Maß und müssen deshalb aus dem Kreis hochgestimmter harmonischer Seelen, wie er sich am Schluß des Stückes in Glück und Liebe auf Belmont zusammenfindet, ausscheiden. Diese Welt war eine Zeitlang von außen bedroht, nicht nur von der düsteren Rachgier Shylocks, sondern auch von dem unharmonisch gewordenen, weil nicht mehr im Einklang mit der Sittlichkeit und der Vernunft stehendem Recht. Der Teufel war gegen sie aufgestanden, aber er blieb auf die Dauer unterlegen. So wie die Macht des Bösen erlahmt, stellt sich auch die aus der Ewigkeit kommende Harmonie des Lebens im Gleichklang mit der Musik der Sphären wieder her.

KOMÖDIE ODER TRAGÖDIE?

I. Der Wandel der Bedeutung Shylocks innerhalb des Geschehens

II. Der Charakter des Werkes
- 1. Die Rechtslage
  - a) Der Blutvertrag
  - b) Die Grenzen des Schuldrechtes
  - c) Shakespeares Rechtskenntnis – sein künstlerischer Plan
- 2. Die Grenze zwischen Tragik und Komik
  - a) Umkehrbarkeit
  - b) Wirklichkeit und Lustspiel
  - c) Märchenmotive im Spiel

III. Lösung in Musik

Es ist ein charakteristischer Zug der Geschichte dieses Werkes, daß immer mehr das Spiel um Shylock in den Mittelpunkt des Geschehens rückte, bis man den fünften Akt als für die eigentliche Handlung völlig überflüssig ganz wegließ. Man war überzeugt, daß hier eine Stellungnahme des Dichters zur Judenfrage vorläge, und daß Shylock das tragische Opfer von Judenhaß und jüdischer Entrechtung oder der mit Recht für jüdischen Haß gegen Andersgläubige oder Andersrassige und jüdisches überhebliches Machtstreben Bestrafte sei. Man konnte Shylock anti- oder philosemitisch deuten, es kam nur auf die eigene Überzeugung an. Die Aufklärung und das 19. Jahrhundert, die zwar nicht frei waren von Antisemitismus, waren doch allgemein philosemitisch eingestellt. So war Shylock der arme Jude, der, um sein Recht betrogen, aus dem Gerichtssaal wankte, nachdem er sein Publikum zu Tränen gerührt hatte. Bei Shakespeare bittet Shylock zwar, den Gerichtssaal verlassen zu dürfen, weil ihm nicht wohl sei. Aber das ist die Ausrede desjenigen, der sich überflüssig fühlt, der zu so viel Gnade, wie auf ihn gehäuft wurde, keinen Kommentar mehr zu geben hat. Den gebrochen hinauswankenden Shylock haben Schauspieler des 18. und 19. Jahrhunderts erfunden. Shakespeare rechtfertigt ihn keineswegs. Jedenfalls war das Publikum jener Zeit, das vorher herzlich über Shylock gelacht hatte, tief erschüttert über seine Abweisung vor Gericht, man ging heim mit dem beschämenden Gefühl, die Tragödie eines von der Justiz um seines Judentums willen um sein Recht geprellten Juden gesehen zu haben. Das Mitgefühl war bei Shylock, dem rechtlosen Dulder und Märtyrer.

Damit ist das Werk nicht nur verkannt, sondern auch gewaltsam verändert. Es war eine groteske Verkennung der Dichtung, wenn sie juristischer Kritik unterworfen wurde. Zwischen der Welt der Dichtung, die für menschliche Gerechtigkeit kämpft, und der Welt der Justiz, die praktische Regeln für die Erhaltung des Staates, der bestehenden Machtverhältnisse und die Bewahrung einer dieser Machtverhältnisse stützenden gesellschaftlichen Ordnung, mag sie gerecht sein oder nicht, zu erstreben hat, weil sie immer von der politischen Macht, die sie bezahlt, abhängig sein wird, muß dem Wesen beider nach immer ein feindliches Verhältnis bestehen. Wenn sich dieses Verhältnis jemals ändert, so wird der Leidtragende immer die Justiz sein, die dann nur noch Funktionär eines politischen Systems sein kann. Diese Probleme haben aber Shakespeare schwerlich bewegt. Für ihn ist es völlig gleichgültig, ob es irgendwann im Mittelalter solche Blutverträge gegeben hat. Das wurde für ihn ein menschliches Problem: wie weit kann sich der Mensch seiner Freundschaft opfern? Hat der Freund ein moralisches Recht darauf, selbst das Opfer des Lebens hinzunehmen? Aus Shakespeares Zeit ist sicherlich von solchen barbarischen Schuldverträgen nichts überliefert. Hätte

zur Zeit des Dichters ein Gläubiger einem Gericht einen derartigen Vertrag zur Vollstreckung vorgelegt, so wäre das Ende sicherlich ein: „Gott gnade seiner Seele" gewesen, im besten Fall hätte man ihn damit zum Teufel gejagt. Es ist im übrigen eine groteske Vorstellung, daß ein Gericht einem Manne gestatten könne, auf Grund eines nach Zeugenaussagen ausdrücklich als „zum Scherz" ausgestellten Scheines, einen ehrenwerten Bürger, für dessen Schuld im übrigen die Spitzen des Staates zu zahlen bereit waren, nur wegen der Versäumnis der Verfallszeit in aller Gemütsruhe und mit mörderischem Behagen im Gerichtssaal und unter der Aufsicht der Richter abzuschlachten. Wenn Shylocks Plan zu Ende geführt worden wäre, hätten die Richter keine andere Wahl gehabt, als Shylock im Gerichtssaal zu verhaften und nach damaligem Recht zum Galgen oder zu einer anderen Todesart zu verurteilen. Es ist für keine Zeit ein Gesetz nachweisbar, das einen Mord oder auch nur einen Mordversuch, auch wenn er mit Einwilligung des Opfers geschieht, ungestraft läßt. In und seit Shakespeares Zeit jedenfalls ist, so barbarisch das Schuldrecht mit Schuldhaft und Schuldsklaverei auch vorging, jeder Schuldner frei, dessen Schuld bezahlt ist, ja, die barbarischen Mittel sind nichts anderes als Druck auf Verwandte und Freunde, die Schuld zu bezahlen, um die Leiden des Schuldners abzukürzen.
Man kann auch Wolff nicht folgen, wenn er schreibt: „Shakespeare wußte offenbar nichts von dem Bestehen solcher Blutverträge, er fragt nicht, ob sie nach englischem oder venezianischem Recht gültig oder ungültig seien, er stellt überhaupt keinen Rechtsfall dar, sondern ein entsetzliches Abenteuer, das einmal in dem fernen Italien vorgekommen sein soll" (S. 337). Dagegen spricht, daß Shakespeare das Geschehen in seine Zeit verlegt und die Gerichtsverhandlung sehr ausführlich darstellt. Die darin entfalteten juristischen Kenntnisse galten sogar als Stütze der These, er habe eine Zeitlang in der Kanzlei eines Rechtsanwaltes gearbeitet. Aber so eingehende Rechtskenntnisse entfaltet der Dichter gar nicht. Die gestrengen Gesetze werden einfach vorausgesetzt, keines wird zitiert, weil das nicht möglich gewesen wäre, oder auch nur beim Namen genannt. Das Verhalten des Gerichtshofes ist absurd, wie es nur in einer Komödie möglich ist. Der Sinn des Gesetzes kann niemals sein, um so kleiner Schuld willen, wie des Verfalls eines entliehenen Geldbetrages, einen Mord mit Einwilligung des Gerichts und unter dessen Zeugenschaft zu fordern. Jedes Gericht hätte Shylock die vom Dogen und den Senatoren, später auch von den Freunden bereitgestellte Summe zugesprochen und ihn nach Hause geschickt, und niemand

hätte von Rechtsbeugung gesprochen. Niemand kann von Paragraphen und Formalismus so verblendet sein, daß er tatsächlich den Mord im Gerichtssaal fordern würde.
Es handelt sich also um kein Rechtsproblem, sondern das menschliche. Wenn die Handlung in der Gerichtsszene einige Zeit auf der schmalen Grenze zwischen dem Tragischen und Komischen balanciert, wozu Antonios Melancholie, sein Wunsch zu sterben, beiträgt, so kann man von Shakespeares Publikum nicht erwarten, daß es davon erschüttert war, es war höchstens auf den Ausweg gespannt. Auch die Melancholie nahm man als modische Zeiterscheinung und war wie beim melancholischen Jacques in „Wie es euch gefällt" geneigt, sie komisch zu finden. Es war klar, daß die Tragik an diesem Punkte wieder in die Komik überspringen mußte, und das trat dann auch prompt ein, als ein kluges Mädchen in Verkleidung die Sache in die Hand nahm und mit geradzu hausbackenem Verstand und Argumenten, die aus der Perspektive der Hausfrau oder auch der Marktfrau gesehen, und deshalb komisch sind, das Gericht auf den richtigen Weg bringt. Man sollte nicht anführen, daß Porzias Auftreten, juristisch gesehen, ungültig ist, weil sie das Gericht über ihr Geschlecht täuscht. Die Gerichtsverhandlung spielt sich nicht in der Wirklichkeit ab, sondern in einem Lustspiel. Nicht auf die juristische Gültigkeit irgendwelcher Argumente kommt es deshalb an, sondern auf die Freude daran, einander an Witz und Geist zu übertreffen. Shylock wird alles zuteil, was er forderte, Recht, mehr als ihm lieb sein konnte.
Es ist aber nicht die Gerechtigkeit eines ernsthaften Gerichtes, ein solches wäre niemals in diese Verhandlung eingetreten. Es hätte den Fall vorher durch einen angeordneten Vergleich geregelt oder, was wahrscheinlicher ist, es hätte die Schuldsumme mitsamt dem Vermögen des Gläubigers zugunsten des Staates eingezogen, weil die Mordabsicht eindeutig nachgewiesen war. Dem Gläubiger hätte der Verlust auch nicht lange wehgetan, weil er am Galgen geendet wäre, und niemand hätte ein Wort über geschehenes Unrecht verloren. Das Gericht, das bei Shakespeare tagt, ist das eines Märchens, eines lustigen Spiels, das seine Wirkungen zum größten Teil eben aus der Umkehr von Tragik in Komik bezieht. Kein Zuschauer konnte glauben, daß Shylock das Messer, das er sorgfältig wetzte, zu dem Zweck, dem er es zugedacht hatte, gebrauchen würde, obwohl sicherlich Shakespeares Publikum auch für so ein blutiges Schauspiel gern sein Geld bezahlt hätte, vielleicht lieber als für das, was folgt. Aber schon die Vorstellung einer solcher Grausamkeit mag für viele damals sehr

angenehm und auch amüsant gewesen sein. Doch das Vergnügen, den ränkevollen Juden geprellt zu sehen, war gewiß nicht minder groß.

Man kann das Werk gewiß nur mit großen Vorbehalten ein Märchen nennen, so märchenhaft viele Motive, die Kästchenwahl, der Blutvertrag, die Gerichtsverhandlung uns auch anmuten. Die Gestalten sind menschlich gesehen, auch dort, wo sie im Mythos wurzeln und aus ihm konstruiert sind wie Shylock. Aber die Wirklichkeit, die hier vor den Zuschauer tritt, ist die des Lustspieles, in dem sich sehr kluge Menschen manchmals sehr dumm, dafür brave, ungelehrte Leute aber sehr weise benehmen können. Auch die tragische Möglichkeit ist da, wie so oft in Shakespeares Lustspielen. Die unvollkommenen Menschen sind vom unglücklichen Zufall bedroht, wie die ersten beiden Freier beim Risiko der Kästchenwahl, wie Antonio durch das alle Erfahrungen übertreffende massierte Unglück seiner Schiffe. Aber vor Gericht verdrängten der gesunde Menschenverstand und die gelehrte Pfiffigkeit Porzias das hohe Pathos der Justiz, und auch der schon zum Feind erklärte Gott der Meere hat schirmend seine Hand über Antonios Schiffe gehalten. Lüthi schrieb über das Stück: „Ein Hauch des Tragischen, Trauer und Schwermut liegen wirklich in ihm wie in den meisten Komödien Shakespeares, aber der Glanz der schönen, der herrlichen Möglichkeiten überstrahlt doch alles, und das Licht der Gnade leuchtet zauberhaft in die Naturstimmung des letzten Aktes, in der die Welt sich uns verklärt, und in der Musik, die das ganze Spiel durchströmt." Die tragische Möglichkeit ist nur der dunkle Grund, auf dem sich die heiteren und leuchtenden, reinen und bezaubernden Farben des spielerisch leichten Geschehens in immer steigendem Glanz erheben. Harmonie und Schönheit, Glück und Lebensfülle bleiben Sieger.

Materialien

DREI JÜDISCHE URTEILE ÜBER SHAKESPEARES „KAUFMANN VON VENEDIG“

Im folgenden bringen wir drei jüdische Urteile über Shakespeares „Kaufmann von Venedig“, das Urteil eines Dichters (Heinrich Heine), das eines Literarhistorikers (Julius Bab) und das eines Rabbiners (Berliner Gemeinde-Rabbiner Professor Dr. Cuno Chanan Lehrmann). Als Stimmen ihres Stammesgenossen, des Juden Shylock, dürften diese Urteile von besonderem Interesse sein.

SHYLOCK – DIE JUSTIFIKATION EINER UNGLÜCKLICHEN SEKTE

(Heinrich Heine, Shakespeares Mädchen und Frauen, 1838)

Shakespeares „Kaufmann von Venedig“ muß ich zu den Tragödien rechnen, obgleich der Rahmen des Stückes von den heitersten Masken, Satyrbildern und Amoretten verziert ist, und auch der Dichter eigentlich ein Lustspiel geben wollte. Shakespeare hegte vielleicht die Absicht, zur Ergötzung des Publikums ein verhaßtes Fabelgeschöpf darzustellen, das nach Blut lechzt, und dabei seine Tochter und seine Dukaten einbüßt und obendrein verspottet wird. Aber der Genius des Dichters, der Weltgeist, der in ihm waltet, steht immer höher als sein Privatwille, und so geschah es, daß er in Shylock die Justifikation einer unglücklichen Sekte aussprach, welche von der Vorsehung aus geheimnisvollen Gründen mit dem Haß des niedern und vornehmen Pöbels belastet worden, und diesen Haß nicht immer mit Liebe vergelten wollte.

Aber was sag' ich? Der Genius des Shakespeare erhebt sich noch über den Kleinhader zweier Glaubensparteien, und sein Drama zeigt uns eigentlich weder Juden noch Christen, sondern Unterdrücker und Unterdrückte und das wahnsinnig schmerzliche Aufjauchzen dieser Letzern, wenn sie ihren übermütigen Quälern die zugefügten Kränkungen mit Zinsen zurückzahlen können. Von Religionsverschiedenheit ist in diesem Stücke nicht die geringste Spur und Shakespeare zeigt in Shylock nur einen Menschen, dem die Natur gebietet, seinen Feind zu hassen, wie er in Antonio und dessen Freunden keineswegs die Jünger jener göttlichen Lehre schildert, die uns befiehlt, unsere Feinde zu lieben. Wenn Shylock dem Manne, der von ihm Geld borgen will, folgende Worte sagt:

„Signor Antonio, viel und oftermals
Habt ihr auf dem Rialto mich geschmäht
Um meine Gelder und um meine Zinsen;
Stets trug ich's mit geduld'gem Achselzucken,
Denn Dulden ist das Erbteil unsers Stamms.
Ihr scheltet mich ungläubig, einen Bluthund.
Und speit auf meinen jüd'schen Rockelor,
Bloß weil ich nutze, was mein eigen ist."

da antwortet Antonio:

„Ich könnte leichtlich wieder dich so nennen,
Dich wieder anspein, ja mit Füßen treten. –"

Wo steckt da die christliche Liebe!

... Wahrlich, mit Ausnahme Porzias ist Shylock die respektabelste Person im ganzen Stück. Er liebt das Geld, er verschweigt nicht diese Liebe, er schreit sie aus auf öffentlichem Markte ... Aber es gibt etwas, was er dennoch höher schätzt als Geld, nämlich die Genugtuung für sein beleidigtes Herz, die gerechte Wiedervergeltung unsäglicher Schmähungen; und obgleich man ihm die erborgte Summe zehnfach anbietet, er schlägt sie aus, und die dreitausend, die zehnmal dreitausend Dukaten gereuen ihn nicht, wenn er ein Pfund Herzfleisch seines Feindes damit erkaufen kann. „Was willst du mit diesem Fleische?", fragt ihn Salarino. Und er antwortet:

„Fisch mit zu ködern. Sättigt es sonst niemanden, so sättigt es doch meine Rache. Er hat mich beschimpft, mir 'ne halbe Million gehindert; meinen Verlust belacht, meinen Gewinn bespottet, mein Volk geschmäht, meinen Handel gekreuzt, meine Freunde verleitet, meine Feinde gehetzt. Und was hat er für Grund? Ich bin ein Jude. Hat nicht ein Jude Augen? Hat nicht ein Jude Hände, Gliedmaßen, Werkzeuge, Sinne, Neigungen, Leidenschaften? Mit derselben Speise genährt, mit denselben Waffen verletzt, denselben Krankheiten unterworfen, mit denselben Mitteln geheilt, gewärmt und gekältet von eben dem Winter und Sommer, als ein Christ? Wenn ihr uns stecht, bluten wir nicht? Wenn ihr uns kitzelt, lachen wir nicht? Wenn ihr uns vergiftet, sterben wir nicht? Und wenn ihr uns beleidigt, sollen wir uns nicht rächen?"

Nein, Shylock liebt zwar das Geld, aber es gibt Dinge, die er noch weit mehr liebt, unter andern auch seine Tochter, „Jessica, mein Kind“. Obgleich er in der höchsten Leidenschaft des Zorns sie verwünscht und tot zu seinen Füßen liegen sehen möchte, mit den Juwelen in den Ohren, mit den Dukaten im Sarg, so liebt er sie doch mehr als alle Dukaten und Juwelen. Aus dem öffentlichen Leben, aus der christlichen Sozietät zurückgedrängt in die enge Umfriedung häuslichen Glückes, blieben ja dem armen Juden nur die Familiengefühle, und diese treten bei ihm hervor mit der rührendsten Innigkeit.

Trotzdem, daß ich in der Synagoge von Venedig nach allen Seiten umherspähete, konnte ich das Anlitz des Shylocks nirgends erblikken. Und doch war es mir, als halte er sich dort verborgen unter irgendeinem jener weißen Talare, inbrünstiger betend als seine übrigen Glaubensgenossen, mit stürmischer Wildheit, ja mit Raserei hinaufbetend zum Throne Jehovas, des harten Gottkönigs! Ich sah ihn nicht. Aber gegen Abend, wo nach dem Glauben der Juden die Pforten des Himmels geschlossen werden und kein Gebet mehr Einlaß erhält, hörte ich eine Stimme, worin Tränen rieselten, wie sie nie mit den Augen geweint werden... Es war ein Schluchzen, das einen Stein in Mitleid zu rühren vermochte... Es waren Schmerzlaute, wie sie nur aus einer Brust kommen konnten, die all das Märtyrertum, welches ein ganzes gequältes Volk seit achtzehn Jahrhunderten ertragen hat, in sich verschlossen hielt... Es war das Röcheln einer Seele, welche todmüde niedersinkt vor den Himmelspforten... Und diese Stimme schien mir wohlbekannt, und mir war, als hätte ich sie einst gehört, wie sie eben so verzweiflungsvoll jammerte: „Jessica, mein Kind!“

DER JUDE – EIN MENSCH

(Julius Bab, Einleitung zu Shakespeares „Kaufmann von Venedig“, Shakespeares Sämtliche Werke, Fünfter Band, Stuttgart o. J.)

Der Streit über den „Kaufmann von Venedig“, der schon eine gewaltige Literatur gezeitigt hat und gar nicht zu Ende kommen will, dieser Streit dreht sich in erster Linie um die Gestalt des **Shylock**, des Juden, der auf Grund eines verfallenen Schuldscheins aus dem Leibe des Kaufmanns Antonio ein Pfund Fleisch schneiden will, und der durch die Auslegung der Porzia (der als Richter verkleideten Vielumworbenen), er habe Anspruch nur auf Fleisch, aber nicht auf Blut, entwaffnet wird. Nun werden die einen nicht müde, uns darzutun, daß Shylock der typische Tölpel und Unhold des Shakespeareschen Lustspiels wäre, nur als Kontrast für die Welt lichter Heiterkeit geschaffen, und also durchaus eine groteske, keineswegs von unserem Gefühl ernst zu nehmende Figur. Die anderen halten sich an die allerdings tragisch erschütternden Partien, die sich in den Reden Shylocks finden und die unbedingt geeignet sind, tiefen menschlichen Anteil für die neue Gestalt zu wecken. Sie finden, das ganze Stück sei aus leidenschaftlichem Anteil für die Shylockgestalt geschaffen, und gehen vielfach soweit, hier eine Tendenzdichtung revolutionärer Art – Empörung der Erniedrigten und Beleidigten gegen das glänzende Scheinwesen der Aristokratie! – zu finden. Ich glaube meinesteils, daß der Streit, in welchem Sinne dies Shakespearesche Drama als ein vollkommen einheitlich geformtes Kunstwerk zu begreifen sei, überhaupt nicht geschlichtet werden kann; und zwar, wie das bei wissenschaftlichen Rätselfragen so häufig ist, deshalb nicht, weil die Fragestellung falsch ist!

Sehen wir zu: Zunächst ist gar keine Frage, daß wir hier den reinen Grundriß des Shakespeareschen **Lustspiels** vor uns haben; zwei verschieden gefärbte Handlungsstränge laufen nebeneinander her, zunächst nur ganz äußerlich miteinander verknüpft. Der reiche Kaufherr Antonio hat eine völlig grundlose Melancholie, er weiß nicht, was ihn traurig macht – es ist Gram im Müßiggang – eine rechte Shakespearesche Lustspielstimmung, die durch einen wirklich begründeten Schrecken zu vernünftiger Heiterkeit geheilt werden soll. Und Antonio knüpft nun die düstere und die heitere Handlung zusammen.

Da all sein Gut zurzeit auf der See schwimmt, leiht er von dem Juden Geld, damit sein Freund Bassanio als Freier der schönen Porzia nach Belmont fahren kann. Nun baut sich völlig parallel immer heller und heiterer das Spiel in Belmont auf: nach dem Willen des Vaters wird Porzia, die im allerersten Anfang gerade so eine kleine winzige Melancholie zeigt wie Antonio (oder wie Olivia!), dem angehören, der von drei Kästchen das rechte wählt. Und so gibt es eine Reihe von Freierszenen, an deren Ende schließlich Bassanio der Beglückte ist. Diese hell hinspielenden Auftritte aber wechseln nun ständig ab mit den Vorgängen in Venedig, die sich immer bunter gestalten: die Tochter des Juden ist unter Mitnahme vieler Kostbarkeiten mit einem anderen Freund des Antonio entflohen. Sein Zorn ist damit aufs höchste gereizt. Die Schiffe des Antonio aber werden eines nach dem anderen als verloren gemeldet, so daß die Gefahr seiner Zahlungsunfähigkeit mehr und mehr wächst. Schließlich ist der Schein verfallen und zur selben Zeit, da Bassanio als der beglückte Freier vor Porzia tritt mit dem Zettelchen in der Hand, das er im rechten Kasten fand und das ihm einen Kuß von der Braut verspricht – zur selben Zeit, da Bassanio sich Porzia zuneigt: „Ich komm auf Schein zu geben und zu nehmen" – da tobt Shylock gegen den bereits verhafteten Antonio: „Ich will den Schein, nichts gegen meinen Schein." – Kein Zweifel, daß dieser wundervolle Parallelbau der ersten drei Akte vollkommen dem Wesen des Shakespeareschen Lustspiels entspricht. Ganz offenbar handelt es sich darum, eine nur scheinbare Gefahr lachend aufzulösen; eine leichte List wird genügen, um all dies Dunkel aufzuhellen. Das muß im vierten Akt geschehen, damit dann im Schlußakt nach dem festen Brauch der Shakespeareschen Lustspiele nichts als festliche Heiterkeit, glückseliges Wandeln versöhnter Paare zu schauen sei. Aber dazu ist es nötig, daß der Träger der Finsternis in diesem Stück ganz wie Zettel im „Sommernachtstraum", Malvolio in „Was ihr wollt", Don Juan in „Viel Lärm um nichts", Caliban im „Sturm", ein Tölpel, ein Narr, ein Trottel, ein Untier sei – kurz, irgend ein Wesen, an das wir keine Gefühle wenden, dessen Niederlage uns nicht weh tut. Und zweifellos war der Shylock so und nicht anders gemeint.

Shakespeare kannte den Juden als Mitglied der englischen Volksgemeinschaft nicht. Es gab damals in England nur ganz vereinzelt und sozusagen inoffiziell Juden. Im Prinzip waren sie landesverwiesen. Nun glaube ich zwar, daß als stärkstes Argument für Shakespeares Italienreise (1533/4?) – und in Venedig waren die Juden eine wichtige Schicht und hatten damals zum Beispiel das ganze Gastwirtsgewerbe in Händen! – gerade die Sprache dieses Shylock zeugt. Ein unübertrefflich echter jüdischer Sprachstil – Rhythmus, Bildlichkeit, Tempo – ist etwas, was nicht Berichte oder Bücher lehren können, was nur lebendige Begegnung vermitteln kann. Aber selbst wenn Shakespeare in Venedig Juden persönlich kennen gelernt und ihre merkwürdige Lebensmelodie in sich aufgenommen hat, so konnte das wohl für den Künstler, den Menschenbildner eine merkwürdig starke Anregung sein. Als ein soziales Problem war für ihn, den Engländer, das Judentum jedenfalls nicht vorhanden. Er hatte somit weder Veranlassung noch Möglichkeit, sich mit irgend etwas wie einer „Judenfrage" zu befassen. Er war ziemlich bestimmt von der mittelalterlichen Tradition getragen, daß Juden eigentlich keine Menschen sind, und glaubte gerade deshalb einen Juden als dunkeln, beliebig wegzuwischenden Fleck in der Malerei seines Lustspiels so gut brauchen zu können, wie den blödsinnigen Zettel oder das Halbtier Caliban.

Aber ebenso zweifellos, wie daß Shylock ursprünglich durchaus als leichte Lustspielfigur gemeint war, ebenso zweifellos ist es, daß er es nicht blieb, und daß Shakespeares Genie während der Arbeit erst die für ihn völlig überraschende Entdeckung machte, daß Juden Menschen sind! Er nahm die traditionelle Gestalt des wucherischen Handelsjuden, der nun in Bosheit gegen seine christlichen Konkurrenten verhärtet ist. Aber das Gefühl für die tiefe schicksalsmäßige Bedeutung alles Menschlichen saß schon zu tief in Shakespeares Innern, als daß es ihn nicht auf die Spur hätte bringen sollen, wie solche Bosheit zu verstehen und wie ihr Ursprung nachfühlbar zu machen sei. So wird fast von der ersten Szene an Shylock ein Mensch, in dem sich eine ungeheure Summe von Mißhandlungen und Bedrückungen zu gefährlichem Zündstoff aufgehäuft hat. Er wächst durch die Kraft seines Gefühls vor uns an; er ist ein Mensch, der sein Haus, der seine Tochter liebt und er muß leiden, wenn man sie ihm raubt; und schließlich erhebt er sich zu einer ungeheuren Rede, mit der im innersten Sinne die „Judenemanzipation“ in Europa begonnen hat: „Ich bin Jude. Hat nicht ein Jude Augen? Hat nicht ein Jude Hände, Gliedmaßen, Werkzeuge, Sinne, Neigungen, Leidenschaften? Mit derselben Speise genährt, mit denselben Waffen verletzt, denselben Krankheiten unterworfen, mit denselben Mitteln geheilt, gewärmt und gekältet von eben dem Winter und Sommer als ein Christ? Wenn ihr uns stecht, bluten wir nicht? Wenn ihr uns kitzelt, lachen wir nicht? Wenn ihr uns vergiftet, sterben wir nicht? Und wenn ihr uns beleidigt, sollen wir uns nicht rächen? – Man muß jedem Gefühl für das eigentliche Dichterische, für die rhythmische Gewalt der Wortordnungen fremd sein, um noch behaupten zu können, der Sprecher solcher Worte sei nur eine groteske Komödienfigur ohne ernsten Anspruch auf unser Mitgefühl. Nein – der sinnlose, und deshalb lachend zu erledigende Bösewicht der Komödie ist verschwunden und an seine Stelle ist ein Mensch von tragischer, daß heißt in einem tiefen Sinne als notwendig erkannter Bosheit getreten. Der Wille Shylocks bleibt so ruchlos wie vorher, aber das Gefühl, daß er mit Schicksalsnotwendigkeit zu dieser Ruchlosigkeit kommen mußte (daß nicht der Shakespearesche Lustspielgeist, der Liebe oder auch Bosheit im Müßiggang heißt, hier noch leitend ist), das bewirkt, daß die Gestalt des Juden eine Größe erhält, die uns tragisch erschüttert – und die den Bau des ganzen Lustspiels sprengt.

Denn nun wird klar, daß dem unlösbaren Streit der Meinungen über dies Gedicht tatsächlich künstlerische Ungelöstheiten im Gedicht selber zugrunde liegen. Die Frage war falsch gestellt, weil „Der Kaufmann von Venedig“ gar kein einheitlich geformtes Kunstwerk ist! Das unvermutete Anwachsen der Shylockgestalt ins Pathetische wirft die Dichtung vom vierten Akt an aus der klar vorgezeichneten Bahn. Die List der Porzia, ihr Urteilsspruch, der eigentlich in einem Wortwitz gipfelt (das Recht auf Fleisch gebe noch kein Recht auf das in der Adern fließende Blut!), daß alles war ein **vollkommen ausreichendes Mittel für ein rechtes Lustspiel.** Ein Narr, ein bloßer Poseur der Bosheit, oder auch ein ganz unmenschliches Untier, die durften mit solchen lustspielleichten Mitteln aus dem Wege geschafft werden. Sie zu widerlegen war kein ernstes Argument nötig, denn sie waren in ihrem ganzen Wesen durch die Form, die Stimmung des Lustspiels schon von vornherein widerlegt. Ihre Bosheit hatten wir als irgendwie gefahrbringend von vornherein nicht für ernst genommen. Statt dessen steht jetzt ein Mensch da, den ein furchtbares Schicksal zu diesem gräßlichen Traum von Rache geführt hat und den soll ein Verkleidungsscherz und ein Wortwitz auf dem Höhepunkt seiner Bahn niederschlagen. Dagegen sträubt sich unser Gefühl, auch wenn die Porzia eine so schöne Rede über das Recht der Gnade hält. Denn keine juristische Tüftelei kann uns darüber täuschen, daß hier nicht die höhere Macht der Gnade das blutige Buchstabenrecht des Juden besiegt, was wir gewiß mit größter Genugtuung empfinden würden; – nein, hier hat eine ganz spielerische List einen sehr ernsten Mann betölpelt. Es ist nicht daran zu drehen und zu deuteln, was der große Jurist Rudolf Ihering sagt, bleibt bestehen: Shylock ist in der Tat um sein Recht betrogen. So haftet seiner Niederlage zunächst etwas Peinliches an, was der reinen Wirkung des Lustspiels nicht günstig ist. Am Ende aber ist die Gestalt doch so groß, daß ihr Zusammenbruch uns nicht weniger erschüttert, als der des großen Verbrechers Macbeth etwa.

Und so erwächst für den fünften Akt ein unlösliches Theaterproblem. Shakespeare hat im reinen dichterischen Sinne kaum etwas Schöneres geschrieben als diesen fünften Akt. Der Kampf ist ja eigentlich vorbei; nur noch die kleine Nebenhandlung von den Ringen, die die als Richter verkleideten Frauen ihren Männern abnahmen, bleibt aufzulösen. Aber nun ist Mondnacht im Parke von Belmont. Jessica, des Juden zu heiterer Freiheit erlöste Tochter, und Lorenzo, ihr Liebster, scherzen miteinander; Musik ertönt und die herrlichsten Worte werden gesprochen zur Feier ihrer Macht, die alles

Schwere und Dumpfe zu himmlischer Leichtigkeit löst. Und dann kommen die Paare zurück aus Venedig und alles ordnet sich in fröhlicher Erkenntnis zu festlicher Heiterkeit. – Aber so wunderschön das alles ist, auf der lebendigen Bühne wird immer nur diese Wahl bleiben: entweder der mächtige vierte Theaterakt hat uns so erschüttert, daß wir für die friedvolle Heiterkeit dieses Schlusses nicht mehr empfänglich sind, oder der Darsteller des Shylock ist hinter den menschlichen Möglichkeiten der Gestalt so weit zurückgeblieben, daß tragische Erschütterungen nicht zustande kamen; dann steht der reinen Auswirkung des Schlußaktes nichts im Wege. Aber dafür bleibt dann der größte menschendarstellerische Schatz der Dichtung eben ungehoben.

Des Rätsels Lösung also scheint mir, daß wir es im „Kaufmann von Venedig" mit keinem vollkommenen Werk zu tun haben, weil der ursprüngliche Lustspielplan des Dichters verschoben wurde durch eine tragische Menschenerkenntnis, die ihm erst in der Arbeit aufstieg. Freilich ist dies eine so königliche Art von Mißlingen, wie sie nur dem größten Genie beschieden sein kann. – Eine wirklich künstlerische gefühlsmäßige Einheit aus dieser Dichtung heraus zu interpretieren, wird allen Künsten des Verstandes nicht gelingen; aber die nicht völlig zusammenstimmenden Teile: die der Lustspielwelt entwachsende Riesengestalt des Shylock so gut wie die adlig spielende Heiterkeit der Porzia oder der possenhafte Übermut des Lanzelot Gobbo, sie sind alle so in sich vollendet und köstlich, daß man die unauslöschliche Liebe des Theaterpublikums zu diesem Werk verstehen und billigen muß.

DER JUDE – EIN OPFER DER CHRISTEN?

(Cuno Chanan Lehrmann, Die Bosheit des Juden – historisch gesehen, Die Zeit Nr. 14, 4. April 1969)

Shylock entspricht durchaus der traditionellen Gestalt, welche der Jude auf der Bühne und in der Vorstellung des christlichen Mittelalters einnahm: Wucher und blutgieriger Christenhaß. In dieser Art war der Jude hundertfach auf den europäischen Bühnen dargestellt worden. Man denke nur an die schaudervollen Mysterienspiele des dreizehnten, vierzehnten und fünfzehnten Jahrhunderts, wo Judas Ischarioth, Kaiphas und Annas die Urtypen für die unendlichen Varianten des gehässigen, geld- und blutgierigen Juden abgaben. Zur Zeit Shakespeares gab es im Elisabethanischen Drama nicht weniger als 71 Stücke, in denen der übliche jüdische Wucherer vorkommt. Das bekannteste davon ist Marlowes „Jude von Malta" aus dem Jahre 1591, welches eine der Quellen Shakespeares war, der daraus einige komische Szenen sowie den allgemeinen Typus des jüdischen Wucherers entlehnt hat. Die eigentlichen Motive entnahm er einem im Jahre 1579 erschienenen, heute verschollenen Stück: **„The Jew"**. Es enthält insbesondere den seltsamen Pakt vom Pfund Fleisch, ein literarisches Motiv, welches häufig abgewandelt wurde, wobei die Rolle des Gläubigers ursprünglich überhaupt nicht einem Juden zufiel; erst die mittelalterliche Mentalität fand diese antisemitische Rollenverteilung angemessen. Es sei dies nur zu dem Zweck erwähnt, um darzutun, daß Shakespeare nicht eigentlich beabsichtigte, ein „antisemitisches" Tendenzstück zu schaffen, sondern daß er lediglich überlieferte volkstümliche Motive übernahm, teilweise sogar ganze als theaterwirksam bekannte Szenen aus fremden Stücken entlehnte, um sie in seine Dramen einzubauen. Von einer konkreten antijüdischen Einstellung konnte auch deshalb keine Rede sein, weil es in der Elisabethanischen Zeit und unter den ersten Stuarts ja überhaupt keine Glaubensjuden in England gab. Der überwiegenden Mehrheit der Inselbewohner war der Jude ein exotisches Wesen, eine abstrakte Figur, höchstens aus den blutrünstigen mittelalterlichen Mysterienspielen bekannt, in welchen er automatisch als Christenmörder und als geldgieriger Judas Ischariot dargestellt wurde.

Das, was nun Shakespeares Shylock-Figur vor allen anderen Gestalten dieser Art auszeichnet, ist die psychologische Durchdringung des Charakters. Die Figur des Juden war ursprünglich als grauenerregendes Ungeheuer gedacht, von welchem sich das beschwingte Spiel in der heiteren venezianischen Atmosphäre um so wirkungsvoller abheben sollte. Wie Faust einen Pakt mit Mephisto schließt, der am Ende geprellt wird, so Antonio mit Shylock, dem Teufel in Menschengestalt, dessen Bestrafung das **Happy-End** sichern sollte.

Aber eben diese Wirkung hat Shakespeare nicht erreicht, und Schuld daran trägt der Umstand, daß er aus dem Ungeheuer, wie er es von seinen Vorbildern übernommen hatte, einen Menschen gemacht hat, mit Lastern und Vorzügen.

Shakespeare hat den Juden, bisher ein Schreckgespenst für seine christliche Umgebung, als deren **Opfer** gezeigt. Seither hat die Diskussion über den „Kaufmann von Venedig" nicht mehr aufgehört; zunächst die juristische Diskussion, wobei bedeutende Rechtsgelehrte zu dem Schluß kamen, daß dem Juden schließlich Unrecht geschieht; denn nach dem Rechtsempfinden jener Zeit, nach der damals in Europa noch geltenden Auffassung von Gläubiger und Schuldner (welche durchaus nicht aus dem mosaischen Gesetz stammte), war Shylock mit seiner Forderung im Recht, und der Urteilsspruch Porzias war nichts als ein juristischer Dreh. Aber auch ohne juristische Begründung fühlt der unvoreingenommene Beschauer nicht mehr die primitive Genugtuung an der Bestrafung Shylocks, wie etwa an der des Scheusals Barrabas in Marlowes Drama; dieser jüdische Kaufmann ist gar nicht mehr so sehr Scheusal, und der „königliche Kaufmann" Antonio gar nicht so königlich; **Shakespeares psychologische Kunst** hat die Extreme gemildert und das **Menschliche, Allzumenschliche entdeckt**. Und seit den großen Schauspielern Kean und Irving wurde, besonders in England und Amerika, **Shylock** nicht mehr als burleske, sondern **als tragische Figur** dargestellt.

Diese psychologische Durchdringung der jüdischen Figur mag hier angedeutet werden. Shylock trägt zu Beginn noch die üblichen Merkmale, Geldgier und Christenhaß. Doch schon dieser wird erklärt: in Antonio und Shylock stehen sich zwei Kaufmannstypen ganz verschiedener Prägung gegenüber, die einander an Haß und Verachtung nichts nachgeben. Dem christlichen Kaufmann ist von der Kirche das Zinsnehmen verboten. Geld ist unbewegliches Gut, und es ist eine Sünde, es durch sich selbst zu vermehren. Der Jude vertritt die Anschauung, wonach Kapital sich vermehren kann. „Gewinn ist Segen, wenn man ihn nicht stiehlt", sagt Shylock, und beruft sich auf Stammvater Jakob, der ebenfalls aus dem Kapital, welches er verwaltete, neues Kapital, nämlich Spesen in Form gesprenkelter Ziegen und Schafe herauswirtschaften konnte. Er ahnt den heraufdämmernden Kapitalismus und nimmt ihn vorweg. Die beiden Kaufleute hassen einander, nicht so sehr aus ideologischen Gründen, sondern weil sie sich durch das Geschäftsgebaren der Gegenseite geschädigt fühlen. Der vornehme Kaufherr Antonio haßt den Juden, nicht weil er es verdient, sondern weil er verdient. **Der feudale Kaufmann kann seinem Unwillen Ausdruck verleihen, Shylock, in seiner sozial gedrückten Stellung, muß ihn herunterwürgen.** Und plötzlich braucht der hochmütige Antonio, gleichgültig aus welchen edlen Motiven, wie etwa die standesgemäße Ausstattung seines auf Freiersfüßen wandelnden Freundes, die Dienste des oftmals von ihm beleidigten und bespieenen Juden.

Hochmütig verlangt er, als Feind betrachtet zu werden. Jedenfalls ist er aber seines großen Vermögens so sicher, daß er den Juden herausfordert, im Falle der Nichtbezahlung rücksichtslos zu sein. Daraufhin kommt es dann zum berühmten Pakt mit dem Pfund Fleisch.

Aber bis zur Einlösung des Scheins ist noch ein weiter Weg. Die tiefe Erbitterung Shylocks wird gesteigert, als er von der Entführung seiner Tochter durch einen christlichen Liebhaber erfährt, den die Liebe aber beileibe nicht so blind gemacht hat, daß er die Dukaten Shylocks übersehen hätte. Ein Freund Antonios, der Shylock in diesem Zustand der Verzweiflung antrifft, weiß nichts Klügeres und Besseres zu tun, als ihm seine Schadenfreude zu zeigen und ihn im gleichen Atemzug zu fragen, was er mit dem Schuldschein zu machen gedenke. Da bricht wild die ganze Erbitterung Shylocks aus und wie ein Blitz der Wille zur Rache.

Der Ausgang des Stückes ist bekannt. Der Jude bekommt seine Rache nicht, nicht einmal sein Geld, ja er büßt sein halbes Vermögen ein als Strafe für sein Vorhaben und muß sich taufen lassen. **Alfred Kerr** hat das so beschrieben: „Als hätte man durch schlimme Behandlung ein Tier böse gemacht und frohlockte nun über den Anlaß, es noch halbtot prügeln zu dürfen."

Das Unbehagen über den Ausgang, welcher doch ein **Happy-End** sein sollte, kommt eben daher, daß Shakespeares Genie die Handlungsweise des Juden menschlich allzu verständlich macht. Die Einheit des Werkes leidet unter der psychologischen Vertiefung, welche die Gestalt Shylocks im Verlaufe der Handlung erfährt. Shakespeares Absicht war ebensowenig die Verteidigung wie die Anklage; **diesem Dichter lag alle soziale Tendenz fern, vielleicht zu fern. Ihm lag nur etwas an der Darstellung der menschlichen Leidenschaften.**

Gerade dadurch aber kam er zu einer Erfassung aller mildernden Umstände. Diese lassen sich im Falle Shylocks in die Worte zusammenfassen: „Der Jude ist in den Augen seiner Umgebung schlecht, wucherisch, grausam; aber genau gesehen, hat euer Verhalten ihn dazu gebracht, ihr Herren Christen."

DIE GNADE – DAS PRINZIP DES CHRISTLICHEN LEBENS

(Kurt Schilling, Shakespeare. Die Idee des Menschseins in seinen Werken. München 1953)

Es mag sein, daß Shylock ursprünglich nicht ganz so gemeint war, wie er uns heute erscheint, sondern nur als eine Variante der traditionellen komischen Figur des Theaters, als ein dummer Teufel, der bei aller anscheinenden Schlauheit am Schluß doch eben geprellt wird und über dessen Prellung man sich kein besonderes Gewissen machen darf. Allein was Shakespeare angreift, erhält auch schon in der kleinsten Nebenfigur das ihm eigentümliche Recht bis zum Letzten, eine Tiefe der Lebenswahrheit, die alle Traditionen, Konventionen und sonstigen Absichten selbst seines Urhebers weit hinter sich läßt. So ist auch das Schicksal Shylocks etwas geworden, was ein Gewicht besitzt, das nicht so einfach wegerklärt werden kann. Shylock ist der dunkle Untergrund geworden, gegen den sich die heitere und beglückte Welt Porzias und der adligen Renaissancegesellschaft abhebt, die am treffendsten mit dem ganz unübersetzbaren Wort fancy umschrieben wird (III, 2, 62). Antonios Schwermut ist schon vorgreifend darin begründet, daß er von dieser dunklen Sphäre berührt ist, daß sein Glück und seine Einstimmigkeit mit der Welt wenigstens zeitweise schwankend wird und nur von Porzias Harmonie gerettet werden kann. Wenn es Shakespeare dann auch gelungen ist, den Juden Shylock – dessen vermutlich erfundener oder beigebrachter Name bereits „Scheuloch" bedeutet – wirklich reden zu lassen wie einen echten Vertreter seines Volkes (obwohl er wahrscheinlich nie einen Juden gesehen hat), wenn sich in ihm alttestamentlich finstere Versponnenheit in das menschlich Beschränkte der Gerechtigkeitsidee, maßloser Haß des Unterdrückten gegen seine Beleidiger, triumphierende Rache und ein Erlöschen in Kraftlosigkeit und Ohnmacht zu einem tragischen Knoten verstricken, so ist das eben einfach auf die Fakten der Handlung selber zurückzuführen, die **richtig zu benennen** des Dichters höchste Kunst ist.

Der Jude **ist** wirklich in einer sehr erniedrigenden, unedlen Weise durch Bespeien und Beschimpfen gekränkt worden. Antonio hat seine Geschäfte gestört und wird das weiterhin tun. Trotzdem geht er zu ihm, um ihn zu brauchen, und bezeigt ihm auch dadurch in unerfreulicher Weise seine menschliche Nichtachtung. Dann aber hat Shylock die Gelegenheit, sich an seinem Gegner zu rächen, auf die er schon schlau vorausspekuliert hat wie sein Ahnherr Jakob in dem

Handel mit den gesprenkelten Lämmern. (Er warnt seinen Gegner sogar vor dem Vertragsabschluß im Hinblick auf diesen für ihn beispielhaft jüdischen Vorgang; I, 3, 70 ff.) Antonio aber ist unbesorgt vertrauensselig und nichtachtend aus Verachtung. So bietet er Shylock Gelegenheit, sich zu rächen. Der aber sieht mit seinem hellen Verstand sehr genau, daß wenigstens tatsächlich Rache und Vergeltung das Tun der Menschen bei den Christen genau so beherrschen wie bei den Juden: „Wenn ihr uns stecht, bluten wir nicht? Wenn ihr uns kitzelt, lachen wir nicht? Wenn ihr uns vergiftet, sterben wir nicht? Und wenn ihr uns beleidigt, sollen wir uns nicht rächen? Sind wir euch in allen Dingen ähnlich, so wollen wir's euch auch darin gleichtun. Wenn ein Jude einen Christen beleidigt, was ist seine Demut? Rache. Wenn ein Christ einen Juden beleidigt, was muß seine Geduld sein nach christlichem Vorbild? Nu, Rache. Die Bosheit, die ihr mich lehrt, die will ich ausüben, und es muß schlimm hergehen, wenn ich's nicht meinem Meister zuvortu." (III, 1, 60/69.) Er hat den Weltlauf durchschaut und glaubt, ihn auf Grund seiner höhnisch-realistischen Interpretation auch für sein Teil zu beherrschen. Die christliche Gnade und Nächstenliebe ist für ihn nur Heuchelei, genau so wie die jüdische Demut des Unterdrückten, und im Triumph der Rache wirft er dies schützende Tarngewand der Demut ab. Er nimmt das Schwert der Rache auf und bleibt allen menschlich-vernünftigen Beweggründen unzugänglich.

Der tragische Kreislauf der Rache, der nicht endet, bis alle den Untergang gefunden haben, ist Notwendigkeit des Lebens, wenn es mit bloß menschlich unvollkommenem Auge unter der absoluten Idee der Gerechtigkeit gesehen wird. Diese Notwendigkeit und ihr Zwang kann aber unterbrochen werden, und zwar durch die Gnade. Die Gnade ist das Prinzip des christlichen Lebens, so oft es auch tatsächlich von Christen unentschuldbar verletzt wird. Der Glaube des Christen beruht darauf, daß ihm Gott seine Schuld vergibt, weil, d. h. insofern und soweit auch er „seinen Schuldigern" vergibt (Matth. 6, 12). Christliche Gnade und jüdisches formales Recht, das alttestamentliche „Auge um Auge, Zahn um Zahn", sollen sich gegenübertreten und die Gnade das Recht überwinden.

Weiterhin ist dann der Geist der Gnade nicht nur in der harmonisch heiteren, glücklichen Persönlichkeit Porzias verkörpert, sondern Porzia muß auch mit ihrem der gleichen Wurzel entspringenden, männlich durchdringenden Verstand die fast schon ausweglos gewordene Situation auflösen und den in die Fänge Shylocks geratenen

Antonio retten. Sie tut das, wie gesagt, als Rechtsgelehrter verkleidet, indem sie darauf hinweist, daß Shylock wohl den Buchstaben seines Scheins nach, auf dem er besteht, ein Pfund Fleisch, aber kein Tropfen Blut zukommt und er zudem sein Leben verwirkt hat dadurch, daß er dem Antonio nach dem Leben getrachtet hat.

In der Auslegung dieser Rechtsmeinung haben sich die Juristen gestritten. Ihering hat bekanntlich geglaubt, daß Shylock Unrecht geschehe, weil das Blutvergießen eine selbstverständliche, dem Antonio auch vor Vertragsabschluß bekannte Folge des Fleischausschneidens sei und Antonio sich trotzdem wissentlich und willentlich den Vertragsbedingungen unterworfen habe. Kohler dagegen hat geltend gemacht, daß solche scheinbar spitzfindigen Rechtsinterpretationen wie die Porzias in der Geschichte stets das Ventil des allzu strengen Rechts gewesen sind (summum ius, summa iniuria), und daß eigentlich schon der Vertragsabschluß mit diesem Inhalt in der sozialen Welt des Christentums unsittlich und daher nichtig hätte sein müssen. **Beides** ist natürlich richtig. In Wahrheit zeigt die Möglichkeit des Streits hier meines Erachtens, daß Shakespeare das Problem zwischen seinen tragischen und komischen Möglichkeiten künstlerisch doch vielleicht nicht voll gelöst hat, obwohl sich sogar der rechtsgläubige Shylock bei der Entscheidung beruhigt und sie auch formell gelten zu lassen scheint.

Die Gnade, die das strenge Recht überwindet, ist natürlich weder nur ein theologischer Begriff, d. h. eine menschliche Konstruktion, noch die bloße Übereinstimmung und Freiheit der Natur, sondern die allen solchen möglichen Interpretationen schon vorausgehende Lebensmacht selber. Shylock „muß“ gnädig sein (IV, 1, 180), weil in der Menschenwelt das strenge Recht, so unnachläßlich es gilt und geltend gemacht werden muß, wie Ihering richtig betont, doch ein begrenztes Prinzip bleibt. Die Gnade aber ist göttlich, wie Shakespeare hier (zum Teil mit den Worten des Paulus) sagt:

> Die Art der Gnade weiß von keinem Zwang.
> Sie träufelt wie des Himmels milder Regen
> zum Boden nieder. Sie ist zwiefach gesegnet:
> sie segnet den, der gibt und den, der nimmt.
> . . . . .
> Sie ist ein Attribut der Gottheit selbst,
> und irdische Macht kommt göttlicher am nächsten,
> wenn Gnade bei dem Recht steht. Darum Jude,
> suchst du um Recht schon an, erwäge dies:

daß nach dem Lauf des Rechtes unser Keiner
zum Heile käm. Wir beten all um Gnade.
Und dies Gebet muß uns das Tun der Gnade
auch üben lehren. (IV, 1, 183/200)

Die unvollkommene Menschenwelt, so wie sie tatsächlich **ist**, kann nicht bestehen, ohne daß „die Gnade bei dem Recht steht". Da Shylock dies nicht zugibt, zerbricht er in seinem Wesen an der Anwendung seiner eigenen Forderung. Aber sein Abgang ist nicht das letzte Wort im Stück, so wenig wie er Hauptperson ist. Die Tragik seines Endes wird sogar übergangen.

Soweit Kurt Schilling. Der Begriff der christlichen Gnade sollte allerdings unteilbar sein. Die Gnade aber, die Shylock am Ende des vierten Aktes in Shakespeares „Der Kaufmann von Venedig" zuteil wird, ist keineswegs mit dem Begriff der unteilbaren christlichen Gnade identisch. Shylock erfährt zwar eine Begnadigung, insofern als er nicht zum Tode verurteilt, als ihm das Leben geschenkt wird. Aber die Strafe ist bei aller Einsicht in die Notwendigkeit einer Bestrafung für den Begnadigten hart genug: er verliert nicht nur sein ganzes Vermögen, hat nicht nur seine Tochter verloren, er muß sogar seinen Glauben abschwören und sich taufen lassen, sicher ein Umstand, der den Juden am härtesten trifft. Von einer vollständigen und im religiösen Sinne echten Gnade kann also keine Rede sein. Weder in die christliche Bitte „Und vergib uns unsere Schuld, wie auch wir vergeben unseren Schuldigern" noch die Forderung „Liebet eure Feinde" beherzigt worden. Trotz Porzias Appell an Shylock, seinerseits Gnade zu üben und ihrer schönen Worte über den Begriff der Gnade an sich, wird diese von seiten der Christen nicht absolut praktiziert: sie träufelt keineswegs „wie des Himmels milder Regen" auf Shylock nieder; und Porzias „Gebet" (IV, 1, Vers 183–200) hat die Christen selbst „das Tun der Gnade" nicht in völliger Konsequenz üben gelehrt. Dieses Problem sollte bei der Betrachtung des Dramas „Der Kaufmann von Venedig" auch mit berücksichtigt werden.

Und wie denken Sie über Porzia?

(Eine Betrachtung von Eva Sielaff, Sonntagsblatt Nr. 24, 14. 6. 1964)

Porzia ist eine hochinteressante und ganz moderne Gestalt. Aber jeder, der den Kaufmann von Venedig erwähnt, denkt an Shylock und nur an Shylock. Das ganze Lustspiel würde jedoch aus dem Gleichgewicht geraten oder in eine blutige Tragödie umschlagen, wenn Porzia nicht wäre. Ihr allein ist es zu danken, daß Antonio am Leben bleibt und wir vergnügt aus dem Theater gehen. Es hätte auch anders kommen können: Wenn Porzia zum Beispiel in der Gerichtsszene versagt hätte!

Immer, wenn ich dieses Stück lese, frage ich mich, warum Porzia in Venedig als Richter aufgetreten ist und so sicher und überlegen Recht sprach. Woher konnte sie das? Wer hatte sie gelehrt, öffentlich Reden zu halten, einen Spruch zu fällen und ihn in wohlgesetzten Worten zu begründen? Ich habe nie gehört, daß es zur Zeit der Renaissance üblich war, junge Mädchen in den Wissenschaften zu unterrichten.

Wie mag Shakespeare auf den Gedanken gekommen sein, diese vertrackte Angelegenheit zwischen Antonio und Shylock durch Porzia lösen zu lassen und nicht durch einen versierten Richter? Einen besonders weiblichen Zug hat die ganze Szene im Gerichtssaal nicht. Zugegeben, Porzia macht ihre Sache großartig. Alle im Gerichtssaal sind von der Lauterkeit und Tüchtigkeit des blutjungen Richters beeindruckt, sowohl Shylock wie Antonio und seine Freunde, aber auch der Doge. Wer war das Vorbild für Porzia? Hatte Shakespeare überhaupt eines? Alle anderen, sowohl die Sanften wie die Boshaften oder Schelmischen, sind Gestalten, die in der abendländischen Dichtung, in der Sage oder im Märchen auch anderswo vorkommen. Porzia dagegen scheint eine eigene Erfindung Shakespeares zu sein. Sie hat nichts Mystisches an sich, sie handelt nicht unter einem dämonischen Zwang. Sie erträgt ihr Schicksal auch nicht in Passivität wie etwa Desdemona. Sie handelt zielbewußt und völlig selbständig. Damit steht sie unserem Herzen heute sehr nahe. Sie ist für uns leichter zu begreifen als Julia oder Ophelia.

Das Überraschendste an Porzia ist, daß Shakespeare sie stärker als alle seine anderen Frauengestalten mit sympathischen Eigenschaften bedacht hat. Einmal ist sie äußerst klug und vor allem gründlich gebildet. Das erfahren wir am deutlichsten in der Gerichtsszene. Mit

„natürlicher weiblicher“ Klugheit allein hätte sie sie nicht bestehen können. Sie sagt ja selbst, sie hätte die Akten studiert. Wir entnehmen auch aus ihrer Redeweise von Anfang an, wes Geistes Kind sie ist. Auf eine höchst subtile Art betont sie das sogar. Als sie nämlich über einen ihr wenig genehmen Freier aus England spricht, meint sie, daß er wahrscheinlich weder Lateinisch noch Französisch und Italienisch verstehen dürfte; sie aber verstünde ganz bestimmt nicht Englisch. Mit andern Worten: Sie, Porzia, kann sich sowohl in Lateinisch, Französisch und Italienisch unterhalten. Später, als Bassanio das richtige Kästchen ergreift und, wie sie es heimlich gewünscht hatte, ihr Mann wird, erklärt sie ihm, sie sei bereit, noch viel von ihm zu lernen! Sie sei auch sehr glücklich, zum Lernen nicht zu blöde zu sein! Ein solches Verlobungsgespräch ist immerhin reichlich ungewöhnlich.

Hat Bassanio etwa einen Blaustrumpf erwischt? Keineswegs! Porzia ist schön und begehrenswert. Wir haben erlebt, daß Prinzen aus aller Herren Länder als Freier angereist kamen. Es ist kaum anzunehmen, daß sie nur „eine reiche Erbin“ heiraten wollten. Aber Porzia hat einen wacheren Geist als ihre Schwestern. Sie hat aber auch ein sehr gutes Herz. Durch ihr Husarenstück wollte sie nicht etwa ihren Bassanio retten, was verständlich wäre, sondern dessen Freund Antonio, den sie nicht einmal kannte. Keinesfalls hat sie aus Verliebtheit oder Abenteuerlust gehandelt. Ihr Motiv war zweifellos edlerer Art.

Ich wüßte gerne, warum Porzia, diese klügste, warmherzigste und sympathischste Frauengestalt Shakespeares, für das Publikum nicht so interessant ist wie etwa Käthchen, Julia oder gar die Lady Macbeth? Hat niemand auf die gerechte Richterin der Renaissance hingewiesen, als im neunzehnten Jahrhundert die Emanzipation in Gang gekommen war und laut gerufen wurde, die Frauen würden Schaden an ihrem „weiblichen Wesen“ nehmen, wenn sie ihren Geist ausbildeten?

Shakespeare hat in ihr das klassische Modell der gebildeten und unabhängigen Frau gezeichnet, und zwar so deutlich und lebendig, daß ich mich nicht wundern würde, Porzia heute auf der Straße zu treffen. Ich kann sie mir gut in Jeans am Steuer vorstellen, dabei fröhlich und gescheit plaudernd, etwa über moderne Psychologie.

LITERATURNACHWEIS

Cumberland Clark: Shakespeare and National Character, Hamlin Publishing, London 1932

Richard Flatter: Triumph der Gnade. Shakespeare-Essays. Verlag Kurt Desch, München 1956

Joseph Gregor: Shakespeare. 3. Neuausgabe. R. Piper Verlag, München 1948

Friedrich Gundolf: Shakespeare, sein Wesen und Werk, 1. Band. 2. Auflage. Verlag Helmut Küpper, vormals Georg Bondi, Berlin 1949

Wolfgang Iser: Der Kaufmann von Venedig auf der Illusionsbühne der Meininger. Shakespeare Jahrbuch, Band 99/1963, Quelle und Meyer, Heidelberg 1963

Max Lüthi: Shakespeares Dramen. Walter de Gruyter Verlag, Berlin 1957

Rudolf Schaller: Shakespeares Werke, neu übersetzt und erläutert. Arion Verlag, Weimar 1963

Hermann Sinsheimer: Shylock, die Geschichte einer Figur. Ner-Tamid Verlag, München 1960

Ernst Leopold Stahl: Shakespeare auf dem deutschen Theater. W. Kohlhammer Verlag Stuttgart 1947

Max J. Wolff: Shakespeare, der Dichter und sein Werk, 6. Aufl. C. H. Beck'sche Verlagsbuchhandlung, München 1926

Texte wurden nach der Ausgabe des Reclam-Verlages Stuttgart 1957 wiedergegeben. Zum Vergleich herangezogen wurde die Ausgabe des Standard-Verlages Hamburg Bd. VI, ferner die Übersetzungen von Richard Flatter, Rudolf Schaller, Hedwig Schwarz und Theodor von Zeyneck.

LITERATURNACHWEIS DER MATERIALIEN

Julius Bab: Einleitung zu Shakespeares „Kaufmann von Venedig“, Shakespeares Sämtliche Werke, Fünfter Band, Stuttgart

Heinrich Heine: Shakespeares Mädchen und Frauen, 1838. In: Heinrich Heine, Sämtliche Schriften in sieben Bänden, München 1969–1977

Cuno Chanan Lehrmann, Die Bosheit des Juden-historisch gesehen, Die Zeit Nr. 14, 4. 4. 1969

Kurt Schilling: Shakespeare. Die Idee des Menschseins in seinen Werken. München 1953

Eva Sielaff; War Porzia ein Blaustrumpf?, Sonntagsblatt Nr. 24, 14. 6. 1964

Philosophie-Gerüst von Dr. Robert Hippe

Teil 1 – 96 Seiten kart.

Der erste Band des Philosophie-Gerüsts will an die Geschichte der abendländischen Philosophie heranführen, dem Leser einen Überblick über die Jahrhunderte philosophischen Denkens geben.

Aus dem Inhalt:

> Was ist Philosophie? – Die griechische Philosophie – Die hellenistisch-römische Philosophie – Die Philosophie des Christentums – Die Philosophie des Mittelalters, im Zeitalter der Renaissance und des Barock – Die Philosophie von der Aufklärung bis zu Hegel – Die Philosophie der Gegenwart
> Anhang – Bibliographie u. a.

Teil 2 – 80 Seiten kart.

Im zweiten Band werden die Disziplinen der reinen und angewandten Philosophie behandelt und dem Benutzer ein Überblick über den gewaltigen Umfang des Bereichs der Philosophie gegeben.

Aus dem Inhalt:

> **Die Disziplinen der reinen Philosophie**
> Logik und Dialektik – Psychologie – Erkenntnistheorie – Ontologie und Metaphysik – Ethik – Ästhetik
>
> **Die Disziplinen der angewandten Philosophie**
> Naturphilosophie und Philosophie der Mathematik – Geschichtsphilosophie – Rechts- und Religionsphilosophie – Philosophische Anthropologie und Existenzphilosophie – Sprachphilosophie
>
> **Philosophie und Weltanschauung**

Bibliographischer Anhang u. a

Dichtung in Theorie und Praxis

Mit dieser neuen Serie von Einzelheften legt der BANGE Verlag Längs- und Querschnitte durch Dichtungs-(Literatur-)Gattungen für die Hand des Schülers der Sekundarstufen vor.

Jeder Band ist – wie der Reihentitel bereits aussagt – in die Teile THEORIE und PRAXIS gegliedert; darüber hinaus werden jeweils zahlreiche Texte geboten, die den Gliederungsteilen zugeordnet sind. Ein Teil ARBEITSANWEISUNGEN schließt sich an, der entweder Leitfragen für die einzelnen Abschnitte, oder übergeordnete oder beides bringt. Lösungen oder Lösungsmöglichkeiten werden nicht angeboten.

Wir hoffen bei der Auswahl der Texte eine „ausgewogene Linie" eingehalten und die Bände für die Benutzer wirklich brauchbar gestaltet zu haben.

Es handelt sich um **Arbeits**bücher, die durch**gearbeitet** sein wollen; dem, der die Texte nur flüchtig „überliest", erschließt sich nichts.

Bei der Gestaltung der Reihe wird und wurde darauf geachtet, daß sie breit einsetzbar im Unterricht ist.

ZUR NACHHILFE IN ENGLISCH

K. Brinkmann **Englische Diktatstoffe**
Zur Festigung und Wiederholung von Rechtschreibung und Grammatik. Vorbereitung zur Nacherzählung. Zur Nachhilfe, Kontrolle und Selbstbeschäftigung.
Unter- und Mittelstufe 3. Auflage
Oberstufe

Reiner Poppe **Englische Nacherzählungen**
Unter- und Mittelstufe
62 engl. Texte unterschiedlicher Länge und Schwierigkeit mit Vokabelhilfe und methodischen Anweisungen versehen.

K. Brinkmann **Fehlerquellen im Englischen**
Rechtschreibung und Wortbildung. Hilfsmittel zur Einübung und Festigung grammatischer Kenntnisse, wie sie für Klassenarbeiten der Mittel- und Oberstufe notwendig und nützlich sind.

Jürgen Meyer
Übungstexte zur englischen Grammatik 9. - 13. Klasse.
Texte mit ausführlichen Hinweisen zu den Vokabeln sowie Übungen zur Syntax und zum Wortschatz. Zur Gruppenarbeit und zum Selbststudium sehr geeeignet.

Edgar Neis **Wie schreibe ich gute englische Nacherzählungen?**
Langjährige, im gymnasialen Englischunterricht auf der Mitttel- und Oberstufe bei zahlreichen Abiturprüfungen gewonnene Erfahrungen haben zur Herausgabe dieses Buches geführt.
5. Auflage

Edgar Neis
Englische Nacherzählungen der siebziger Jahre
Dieses Buch bringt Texte, die sich auf Persönlichkeiten unserer Zeit, auf politische und wissenschaftliche Fragen, auf zeitnahe Probleme, die zu Diskusssionen herausfordern, beziehen.

Edgar Neis
Übungen zur englischen Herübersetzung
Das Buch enthält Texte verschiedener Schwierigkeitsgrade teil mit, teils ohne Vokabelangaben und stellt ihnen vorbildliche Übertragungen versierter Übersetzer gegenüber, und zwar gesondert von den Vorlagen, so daß eine Selbstkontrolle möglich ist.